LUTZ SCHUMACHER

Wenn möglich, bitte wenden

W0170940

Buch

Mehr als 55 Millionen Pkw sind in Deutschland zugelassen. Vorsichtigen
Schätzungen zufolge tummeln sich etwa neunzig Prozent davon am Frei-
tagnachmittag auf der A1. Das zumindest glaubt der leidgeprüfte Harald
Grützner, ein Handelsreisender, der jobbedingt seit Jahren tagtäglich mit
dem Auto unterwegs ist. In seinem ganz persönlichen Verkehrsbericht
lässt er den Leser teilhaben an dem allgegenwärtigen Wahnsinn, mit dem
er es auf deutschen Straßen zu tun bekommt: Ob ihm die Wonnen gemeinschaftlichen Erlebens im Stau zuteil werden oder er bei einer Fahrt
über Land in einen wahren Parcours des Horrors gerät, ob er von seinem
Navigationssystem terrorisiert wird oder gar sein vollelektronisches Auto
eigensinnig die Herrschaft übernimmt – stets muss er sich komplexen
Herausforderungen stellen.

Autor

Lutz Schumacher ist Journalist, Autor und Geschäftsführer der Tages-
zeitungsgruppe »Nordkurier« in Mecklenburg Vorpommern. Zuvor war
er u. a. tätig bei den »Ruhr Nachrichten«, dem »Deutschen Depeschen-
dienst«, in der »ProSieben Media AG« und beim »Deutschlandfunk«.
Einem großen Publikum wurde er bekannt als Co-Autor des SPIEGEL-
Bestsellers »Senk ju vor träwelling – wie Sie mit der Bahn fahren und
trotzdem ankommen«.

Von Lutz Schumacher ist bei Goldmann außerdem erschienen:

So kann ich nicht arbeiten (31236)

Lutz Schumacher

Wenn möglich, bitte wenden

Abenteuer eines Autofahrers

GOLDMANN

FSC

Mix

Produktgruppe aus vorbildlich
bewirtschafteten Wäldern und
anderen kontrollierten Herkünften

Zert.-Nr. SGS-COC-001940
www.fsc.org
© 1996 Forest Stewardship Council

Verlagsgruppe Random House FSC-DEU-0100
Das FSC-zertifizierte Papier *Super Snowbright* für dieses Buch
liefert Hellefoss AS, Hokksund, Norwegen.

1. Auflage
Taschenbuchausgabe November 2010
Wilhelm Goldmann Verlag, München,
in der Verlagsgruppe Random House GmbH
Copyright © 2009 der Originalausgabe
by Wilhelm Goldmann Verlag, München,
in der Verlagsgruppe Random House GmbH
Umschlaggestaltung: UNO Werbeagentur, München
Umschlagmotiv: Fine Pic®, München
KF · Herstellung: Str.
Druck und Bindung: GGP Media GmbH, Pößneck
Printed in Germany
ISBN: 978-3-442-15646-7

www.goldmann-verlag.de

Inhaltsverzeichnis

Es gibt eigentlich nur zwei Sorten von Autofahrern:
Raser und Schleicher.

Und dazwischen fährt der einzige Mensch,
der immer die richtige Geschwindigkeit hat:
Sie selbst.

Kein Bier auf Hawaii und kein Diesel
an der Zapfsäule

Warum man an Tankstellen alles außer Benzin kaufen sollte

Bestimmt erinnern auch Sie sich noch an die Tankstellen der 70er und 80er Jahre. Eine wacklige Preistafel, zwei Zapfsäulen und ein winziges Kassenhäuschen, in dem es nach Schweiß, Altöl und abgestandenem Zigarettenrauch roch, das waren die Markenzeichen dieser leider längst vergangenen Autoepoche. An den Zapfsäulen schob ein »Tankwart« Dienst, und hinter der Kasse hockte ein missmutiger Kerl mit vernarbtem Gesicht, aus dem furchterregende Bartstoppeln sprossen. Sein ölbeschmierter Blaumann spannte über einem gewaltigen Bierbauch. Meist hockten noch ein, zwei finstere Gesellen dabei, die entweder rauchten, Fußball auf einem winzigen, ständig flackernden Schwarzweißgerät guckten oder aber über Zündkerzen fachsimpelten. Sie selbst, mit dem abgezählten Geld »für die eins« in der Hand, waren der einzige Fremdkörper in dem Ensemble.

Aber es gab Benzin. Vielleicht gab es manchmal auch abgelaufene Kaugummis (die gelben von Wrigleys), die verstaubt auf einem rostigen Ständer am Kassentisch hingen. Das war dann ein großes Konsumerlebnis, das für manche langweilige Stunde auf der Autobahn entschädigte. Niemand hätte sich damals aus einem Supermarkt die gelben Wrigleys geholt, ebenso wenig wie heutzutage jemand freiwillig Tomatensaft kaufen und vor allem trinken würde, es

sei denn, er beträte ein Flugzeug. Dann will er Tomaten-
saft.

»Mit Salz und Pfeffer?«

»Ja, bitte.«

Es ist schon klar: Die gelben Wrigleys waren der Tomaten-
saft der 80er-Jahre-Tankstellen. Doch die guten, alten Zei-
ten sind unwiederbringlich vorbei. Die heutige Tankstelle
ist eine Mischung aus Konsum- und Wellness-Tempel. Sie ist
Bäckerei, Bistro, Lottoannahmestelle, Schreibwarenladen,
Feinkost- und Gemüsehandel, Bankfiliale und vieles mehr.
An einsamen Bundesstraßen hat sie längst die Rolle der
Heimstätte vieler hoffnungslos verlorener Autofahrerexis-
tenzen eingenommen, die – würden sie ehrlich auf die Frage
nach ihrem wirklichen Lebensmittelpunkt antworten – ihr
Reihenendhaus in Eschborn verschweigen und stattdessen
»Aral bei Heidenau« oder »die Shell an der Vierundneun-
zig« sagen müssten. Die Entwicklung der Tankstelle von der
rostigen Notversorgungsstätte zum multifunktionalen Ein-
kaufszentrum ist natürlich grundsätzlich zu begrüßen, wür-
de man nicht gelegentlich tanken müssen …

Mit Schrecken denkt Harald Grützner an jenen Mittwochmorgen zurück, an dem er um kurz vor zehn aus einem
Dreisterne-Hotel in einem Dortmunder Vorort stürzte, wo er
zwar selig, aber leider viel zu lange geschlummert hatte. Seine Geschäftspartner von Routex sollte er um zwölf zum Mittagessen im 120 Kilometer entfernten Osnabrück treffen. Mit
brummendem Schädel, leerem Magen und einer Saulaune
warf Harald sich in seinen Wagen und startete nervös den
Motor. Die enge Terminlage und das ausgefallene Frühstück

verdankte er einer ungünstigen Verquickung am Vorabend, die sich aus dem zuvor geplatzten Geschäft, drei anschließend im Discounter erworbenen Flaschen »Tempranillo Reserva Grande«, der »langen Nacht des Bud-Spencer-Films« auf 3sat und einem eindeutig falsch gestellten Handy-Wecker zusammensetzte. Harald fluchte, doch für Selbstmitleid blieb nun wirklich keine Zeit.

»Binng«, tönte es aus dem Armaturenbrett. »Oh nein, nicht das«, stöhnte Harald verzweifelt. »Ihr Treibstoffvorrat befindet sich auf kritischem Niveau«, flötete die Computerstimme. »Bitte bevorraten Sie sich umgehend.« Verzweifelt starrte Harald auf die Tankanzeige. Jetzt schoss ihm durch den Kopf, dass er gestern generös beschlossen hatte, nach dem pünktlichen Aufstehen ein paar Meter zu laufen, dann den Wagen zu betanken, zu duschen und danach ausgiebig zu frühstücken, um schließlich gegen neun das Hotel zu verlassen und mit ausreichendem Zeitvorrat über die hoffnungslos verstaute A1 nach Osnabrück zu fahren. »Binng.«

»JA, verdammt!«, schrie Harald und scannte nervös die beiden Fahrbahnseiten. »Binng. Ihr Treibstoffvorrat befindet sich auf kritischem …« Harald prügelte auf den Lautstärkeregler am Multifunktionsterminal ein. Sein Schädel brummte lauter. Doch als er wieder aufblickte, sah er die rettende Leuchtreklame einer Marken-Tankstelle hinter der nächsten Ampelkreuzung aufblitzen. Mit Triumphgeheul lenkte er den Wagen in die Einfahrt und wollte gerade den ersten Tankplatz ansteuern, als sein Blick auf die Zapfsäulenbeschriftungen fiel. »Benzin, Super, Superplus« stand an der ersten. »Benzin, Super, Superplus, Autogas« an der zweiten. »Super, Superplus, Super Ultraplus« an der dritten Säule.

Haralds Auto benötigte Diesel.

»Das kann nicht wahr sein«, flüsterte Harald. Der vierte Tankplatz war von einem schäbigen Opel Corsa belegt. Harald konnte die Schrift nicht sehen und stieg aus. »Benzin, Super, Superplus, Dieselplus«, prangte an der Säule. »Aha.« Die übrigen beiden Plätze waren offenbar mangels Frequenz oder wegen Beschädigung gänzlich gesperrt. Selbstredend stand an diesen beiden Säulen »Diesel«.

Harald beobachtete nun nervös die circa 42-jährige Fahrerin des Corsa, die sich im Kassenbereich befand und offenbar Probleme mit der Zeitschriftenauswahl hatte. Harald begann im Trippelschritt um seinen Wagen zu laufen, im Sekundenabstand schaute er auf seine Armbanduhr, die jetzt zehn Uhr zwölf anzeigte. Schließlich entschied sich die Dame für die »Brigitte«, zahlte und näherte sich zögerlich ihrem Wagen. Vor der Fahrertür blieb sie stehen, kramte missmutig in ihrer Handtasche, fasste sich in die Manteltasche, kramte erneut, diesmal etwas fahriger, in der olivbraunen Umhängetasche herum. Harald starrte die Frau an. Sie schaute trotzig zurück, durchwühlte erneut die Tasche und lief schließlich zurück in das Tankstellengebäude. Dort hatte die Kassiererin bereits den vermissten Schlüsselbund auf der Kassentheke entdeckt und händigte ihn wortreich der Kundin aus, die sich mindestens ebenso wortreich bedankte und schließlich zum Wagen zurückschlenderte, dort endlich die Fahrertür öffnete, nicht ohne einen letzten, verächtlichen Blick auf den heftig mit dem Oberkörper wippenden Harald zu werfen, die Worte »ist doch alles frei« zu maulen und dann nach einem abgewürgten ersten Startversuch das Tankstellengelände zu verlassen.

Gierig rückte Harald nach, schmiss sich aus seinem Wagen und sprang an die Zapfsäule, wo er zum Zapfhahn mit der Aufschrift »Dieselplus« griff. Beim Aufleuchten des Literpreises jedoch stutzte Harald. Das waren ja satte 30 Cent mehr als der gewöhnliche Preis für Dieselbenzin! Das erklärte auch den semantischen Unterschied von »Diesel« und »Dieselplus«. Jetzt fiel Harald zudem das Werbeschild mit der Aufschrift »Dieselplus – für den Tiger im Tank« ins Auge. Trotz Zeitnot nicht bereit, diesen Wucherpreis zu begleichen, stampfte Harald in das Tankstellengebäude und begann sogleich mit der streng dreinblickenden Kassiererin ein Wortgefecht.

»Das kann doch wohl nicht wahr sein, dass man bei Ihnen nur dieses überteuerte Extra-Diesel tanken kann. Was ist denn mit anderen Säulen?«, herrschte Harald die Servicekraft an.

»Die normalen Dieselsäulen sind geschlossen«, fauchte die Kassiererin zurück.

»Dann machen Sie sie halt auf«, verlangte Harald.

»Geht nicht, der TÜV ist abgelaufen.«

»Sie glauben doch nicht im Ernst, dass ich hier 30 Cent pro Liter mehr tanke, weil Sie zu blöd sind, Ihren Laden in Ordnung zu halten.«

»Warum denn nicht? Das ist doch auch das gute Diesel. Besser für'n Motor«, behauptete die Fachfrau.

»Schwachsinn«, zischte Harald. Doch bevor er zu einer weiteren Beschimpfung ansetzen konnte, fiel sein Blick auf die mittlerweile 20 nach zehn anzeigende Wanduhr. Die Diskussion war sinnlos. »Schönen Tag noch«, rief er wütend und rannte zu seinem Wagen.

»Ihr Treibstoffvorrat befindet sich auf sehr kritischem Niveau. Die Lautstärkederegulierung wurde überbrückt«, meldete der Bordcomputer, kaum dass Harald auch nur zwanzig Meter gefahren war. Eine bislang unbekannte Funktionalität. Harald drehte am Lautstärkeregler. »Bitte bevorraten Sie sich umgehend mit Treibstoff«, setzte die Computerstimme unbeirrt nach. »Binng«, machte das System und startete dann eine Melodie, die Harald entfernt an »Spiel mir das Lied vom Tod« erinnerte. Fest entschlossen, am Wochenende diesem elektronischen Terror mit Hilfe eines Schneidbrenners ein Ende zu setzen, blickte Harald wild umher, die Hände fest ans Lenkrad gekrampft. »Binng. Binng. Binng.« Der Wagen begann zu stottern. Harald klammerte fester, überfuhr eine rote Ampel, schaltete in den Leerlauf und ließ den Wagen eine kleine Anhöhe hinunterrollen. Die Straße bog nach rechts, der Motor setzte aus, Haralds Kopfschmerzen begannen unerträglich zu werden. Immerhin verstummte die Computerstimme, das situative Elend war nun allerdings auch ohne Audiokommentar unübersehbar. Haralds Hände waren vom Ins-Lenkrad-Krampfen inzwischen blutleer.

Und am Straßenrand tauchten die gelben Schilder einer weiteren Markentankstelle auf.

Der Wagen rollte bis vor die erste Zapfsäule und blieb dann, ohne dass Harald die Bremse auch nur hätte antippen müssen, stehen. »Gut«, nickte Harald mit vorgeschobener Unterlippe in Richtung des Lenkrades. Und dann noch mal: »Gut.« Er blickte in die Runde. Das Tankstellenareal war mit gelben und roten Fähnchen geschmückt. Harald wuchtete sich aus dem Fahrersitz und blickte sorgenvoll zu der Zapfsäulenaufschrift. Er hatte offenbar die Auswahl zwischen »Diesel Gold, Diesel Ultima Extra, Diesel Bio plus«. Auf einem Großplakat prangte die Schlagzeile »Lassen Sie den Stau verduften. Die Diesel-Wellnesswochen«.

»Das kann alles nicht wahr sein«, stöhnte Harald auf. »Ich will doch nur tanken!«

»Kann ich Ihnen helfen?«, fragte plötzlich eine sonore Stimme aus dem Hintergrund.

Harald fuhr herum. Vor ihm stand ein Endfünfziger in einer gelben Uniform.

»Mein Name ist Volker Herberholz, ich werde mich um Ihre Anliegen kümmern«, sagte der Mann und drückte dem sprachlosen Harald eine Visitenkarte in die Hand. »Volker Herberholz, Senior Petrol Service Manager« stand darauf.

»Gut«, nickte Harald nun schon zum dritten Mal innerhalb einer Minute.

»Gut. Gut. Ich werde Ihnen sagen, was los ist. Ich habe um zwölf einen Termin in Osnabrück. Und ich brauche Sprit. Sagen Sie mir: Kann man an dieser Tankstelle Treibstoff erwerben? Wäre das möglich?«

Leicht irritiert schaute Herberholz dem langsam rot anlaufenden Harald tief in die Augen und antwortete dann: »Selbstverständlich. An welche Art von Treibstoff hatten Sie gedacht, Herr …?«

»Grützner«, schnappte Harald, »was tut denn mein Name zur Sache?«

»Oh wissen Sie, ich versuche immer, zunächst eine persönliche Beziehung zu meinen Kunden aufzubauen, um mich ihrer Sache dann besser annehmen zu können«, rief Herberholz, während er mit einem plötzlich hervorgeholten Fliegenschwamm begann, die Frontscheibe zu reinigen.

»Lassen Sie das«, befahl Harald. »Ich muss um zwölf in Osnabrück sein!«

»Das wird knapp«, antwortete Herberholz. »Soll ich Ihnen vielleicht an unserem Service-Terminal einen optimalen und unter Berücksichtigung von Verkehrsstörungen errechneten Tourenplan ausdrucken?«

»Nein, geben Sie mir einfach Benzin«, brüllte Harald nun vollends entnervt.

»Nun regen Sie sich mal ab. Sie haben mir immer noch nicht gesagt, welche Sorte Sie präferieren …«

»DIE-SEL«, unterbrach Harald. »Einfach DIESEL. Ich will DIESEL und dann losfahren.«

»Oho! Das sagt sich so einfach«, entgegnete Herberholz, mild lächelnd. »Aber wir haben da ganz unterschiedliche Sorten. An dieser Säule zum Beispiel können Sie zwischen Diesel Gold, Diesel Ultima Extra und Diesel Bio plus wählen.«

»Das habe ich selbst gesehen. Aber was verbirgt sich hinter diesen Wörtern?«, fragte Harald und schaute mit wachsender Panik auf seine Armbanduhr. »Ich will ganz normales Diesel.«

Herberholz' Lächeln wurde stärker. »Als wenn man das so sagen könnte. Diesel Ultima Extra zum Beispiel wird aus handverlesenen Rohölsorten hergestellt und mindestens 36 Stunden lang raffiniert. Da schnurrt Ihr Motor wie ein junges Kätzchen …«

»Gut, nehme ich«, knurrte Harald heiser.

»Andererseits«, fuhr Herberholz fort, »das spritzige Diesel Express, das Sie allerdings nur drüben an der Nummer zehn bekommen, wird aus frühen Beständen in Nigeria gewonnen, reift dann kurz und intensiv und ist vor allem für eine hochtourige, sportliche Fahrweise sehr geeignet. Schont die Ventile und sorgt für optimale …«

»Ich habe keine Lust, an die andere Zapfsäule zu fahren«, unterbrach Harald und verschwieg an der Stelle lieber, dass sein Wagen auch keinen Zentimeter mehr würde fahren können. »Geben Sie mir in Dreigottesnamen das Extra-Diesel.«

»Hmm, wenn Sie sicher sind«, meinte Herberholz, den beleidigten Unterton kaum verbergend. »Wie viel Bio-Sprit darf ich zusetzen?«

»Keinen. Einfach volltanken.«

»Sie denken nicht an unsere Umwelt?«

»Doch ständig. VOLLTANKEN!«

Herberholz verzog verächtlich die Mundwinkel, schraubte den Tankdeckel ab, nahm den Zapfhahn in die Hand und begann tatsächlich, den Betankungsvorgang zu starten. »Ich an Ihrer Stelle hätte mal das ›Diesel Superieur‹ an der Vier versucht. Hat eine schwache, aber angenehme Mango-Pfirsich-Duftnote und ist diese Woche im Angebot«, sagte Herberholz mehr zu sich selbst. »Welche Dienstleistungen darf ich Ihnen anbieten, während sich Ihr Tank füllt?«

»Keine«, schnappte Harald, der gerade feststellte, dass sein Minutenzeiger auf eins nach elf vorrückte.

»Na, aber die Scheibe werde ich schon noch einmal grundreinigen«, rief der gelbbemantelte Serviceman. »Mit Blick auf Ihre Zeitnot mache ich dann nur Basic.«

»Was ist Basic?«, fragte Harald vorahnungsvoll.

»Reifendruck prüfen, Ölstand messen, Scheibenwischanlage nachfüllen, also wirklich nur das Allernötigste«, grummelte Herberholz.

Harald spürte, wie langsam jede Lebensenergie aus seinem Körper verschwand. Sein Schädel drohte inzwischen zu platzen. »Gut, machen Sie das. Aber bitte schnell. Ich muss hier weg.«

»Natürlich, natürlich. Schnell, schnell, aber gründlich, das ist meine Devise«, flötete Herberholz, der angesichts dieser ersten Beachtung seiner Bemühungen wieder etwas versöhnter schien. »Und Sie sind sicher, dass Sie nicht Basic plus wollen? Dann würde ich zusätzlich den Fußraum aussaugen und die Bodenmatten reinigen. Sehen ja schrecklich aus …«

Es war offenkundig ein Fehler gewesen, diesem Fleisch gewordenen Servicealptraum den kleinen Finger zu reichen, schalt sich Harald innerlich. »Es bleibt bei Basic!«, rief er und ärgerte sich schwarz über seine Gutmütigkeit.

»Sie sollten nicht nur an Ihr Auto denken, sondern auch mal an sich selbst«, dozierte Herberholz unbeirrt weiter. »Einige Übungen zum autogenen Training und eine Fußmassage würden Ihnen nach der langen Fahrt guttun …«

»Ich bin gerade erst aufgebrochen und werde, wenn Sie nicht gleich fertig sind, auch nirgendwo mehr hinfahren«, keuchte Harald vor Wut. »Machen Sie das hier fertig, ich gehe schon mal zahlen …«

Er drehte sich schnurstracks um und begann zum Kassenbereich zu gehen. »Halt! Warten Sie«, rief Herberholz und rannte hinter Harald her. »Hier«, sagte der Mann, »bitte nehmen Sie diesen Beleg und geben ihn an der Kasse ab, wenn Ihnen der Service zugesagt hat. Ihrem Rechnungsbetrag wird dann ein Euro aufgeschlagen …«

Harald nahm den Zettel mit Todesverachtung und stapfte

weiter, wild entschlossen, keinen Cent für diesen Irrsinn zu bezahlen, vor allem aber sich nicht umzudrehen.

»Haben Sie Frostschutzmittel in der Scheibenwaschanlage?«, rief Herberholz ihm nach.

»Es ist August!«, brüllte Harald über die Schulter zurück.

»Aber man weiß nie ...«, versuchte Herberholz noch sein Glück, doch Harald war durch die Glastür verschwunden.

Etwas verloren schaute sich Harald in dem riesigen Präsentationsraum um. Von außen war die Kasse gut sichtbar gewesen, drinnen drohte jedoch Orientierungsverlust angesichts mehrerer Promotionstände und einer Fülle von Wareninseln, die quer über die großzügig bemessene Verkaufsfläche der Tankstellensupermarktwelt verteilt waren. »Möchten Sie unsere neue Espressomarke probieren?«, fragte ihn unvermittelt eine hübsche Rothaarige in einem gewagten blaugrünen Meerjungfrauenkostüm. Verführerisch wedelte sie mit ihrer Schwanzflosse und versuchte Harald an einen ebenfalls blaugrünen Verkaufstisch der Firma »AquaPresso« zu bugsieren. Zärtliche Gitarrenklänge über einem Streicherteppich umschmeichelten seine Sinne, es roch herrlich nach frischem Kaffee. Harald schwenkte die Bewegungsrichtung, da er außer einem Rest Cola Light aus der Hotelminibar heute noch nichts zu sich genommen hatte.

Ein Blick auf die Armbanduhr brachte ihn ins Hier und Jetzt zurück. 11.23 Uhr. Panisch drängelte sich Harald an der laut aufquiekenden Meeresschönheit vorbei, ignorierte weitgehend die Bühne mit dem üppigen Weihnachtsmann, der gerade »Jingle Bells« summend Schokoladenkekse in Reservekanisterform an eine Schulklasse verteilte (»warum haben die im August einen Weihnachtsmann«, schoss es Harald durch den Kopf), lehnte höflich, aber bestimmt die von einer älteren Frau mit strohblonden Haaren und traurigem Blick wacker in ein Mikrofon gepresste »Sensation aus den USA – Sie werden die Welt mit neuen Augen sehen!« ab – es handelte sich wohl um ein Brillenputztuch –, stürzte durch die Abteilung mit Tiernahrung und Freizeitbekleidung und stand plötzlich unverhofft im Kassenbereich.

An Kasse eins diskutierte ein graumelierter Anzugträger gerade sehr konzentriert mit einer Tankstellenbediensteten. An Kasse zwei bezahlte eine mit Kinderwagen bewaffnete Frau. Kasse drei hatte geschlossen. Harald entschied sich für Kasse zwei. »Seltsam, das ist nicht gelistet«, meckerte die Kassiererin vor sich hin. Harald registrierte, dass die junge Mutter fünf Stangen Zigaretten, zwei Beutel Chips sowie einige Alcopops erstanden hatte. Die schwarzhaarige Angestellte im gelben Hosenanzug hielt anklagend eine Flasche Weißbier mit »Cherry-Pianola«-Geschmack gegen das Licht. »Ist nicht drin im System. Nehmen Sie doch was anderes«, verlangte sie verzweifelt.

»Da macht mein Macker tierisch Stress«, lehnte die Mutter umgehend ab.

Die Mitarbeiterin fuchtelte wild mit dem Scanner herum. »Ich versuch's noch mal mit manueller Eingabe.« Langsam tippte sie den Barcode ab. Harald begann wieder zu wippen. Er musste wohl oder übel in Osnabrück Bescheid geben, dass es später werden würde. Die manuelle Eingabe brachte nicht das gewünschte Ergebnis, fluchend zog die kettenrauchende Mutter ab, ihren gesamten Einkauf auf der Theke zurücklassend. Nun begann die Kassiererin mit stoischer Ruhe, jeden einzelnen Artikel wieder auszubuchen.

Hoffnungsvoll schaute Harald zur Kasse eins, doch dort hatte sich die Gesprächssituation zwischen der Mitarbeiterin und dem Graumelierten nicht verändert. »Hören Sie, ich habe es verdammt eilig, können Sie das nicht später tun?«, drängelte Harald.

»Tut mir leid, die Kasse ist blockiert, solange ich den Vorgang nicht beendet habe. Ich bin gleich bei Ihnen«, flötete die Gelbe und vertiefte sich in den Kassenautomaten.

Eine Minute vor halb zwölf schaute sie mit verschämtem Lächeln wieder auf. »So. Das war's. Diese Technik immer … Was kann ich für Sie tun?«

»Ach nichts, gar nichts«, bellte Harald. »Ich würde nur gerne bezahlen. War mir nicht klar, dass der Erwerb von Treibstoff ungefähr dieselbe Zeit in Anspruch nimmt wie die Einreiseprozedur nach Nordkorea.«

»Ich war da noch nie, dauert das wirklich so lange?«, fragte die Schwarzhaarige mit ehrlicher Anteilnahme.

Harald stöhnte auf und reichte der Frau seine Kreditkarte. »Die zwei bitte.«

»Haben Sie von unserem Service-Guide einen Beleg erhalten?«, fragte die Kassiererin.

»Ja«, antwortete Harald mit eisernem Blick.

»Oh. Und wollen Sie den nicht mit abgeben?«, fragte die Mitarbeiterin mit leichtem Entsetzen in der Stimme.

»Nein«, knurrte Harald. Einen Moment lang verharrte die Kassiererin fassungslos, dann gab sie sich offenbar einen Ruck, öffnete eine Schublade und zog ein Formular heraus, das sie Harald wortlos über die Theke reichte. Jetzt war die Fassungslosigkeit auf Haralds Seite. »Was zum Teufel …?«, setzte er an. Ausdruckslos starrte die Kassiererin Harald an und spulte dann herunter: »Offenbar waren Sie mit unseren Serviceleistungen nicht zufrieden. Wir sind stets bemüht, unseren Kundendienst zu verbessern. Mit dem Ausfüllen dieses achtseitigen Formulars helfen Sie uns, Fehler ausfindig zu machen und zu beheben.«

»Nein. NEIN«, schrie Harald. »Was zu viel ist, ist zu viel. Ich werde keinen Fragebogen ausfüllen. Sie werden jetzt den Bezahlvorgang abschließen, und dann werde ich dieses Irrenhaus verlassen. Es ist doch ein Wunder, dass dieser Saftladen noch nicht pleite ist. Schauen Sie nur an die Nachbarkasse. Der Herr stand schon dort, als ich hereinkam – und er ist immer noch nicht fertig!« Beifall heischend blickte Harald zu dem Graumelierten. Harald war jetzt so sehr in Fahrt, dass er gar nicht bemerkte, dass sein Nachbar ärgerlich den Kopf schüttelte. »Los, sagen Sie denen, dass man hier nicht bedient wird«, schrie Harald und rüttelte am Anzug des Mannes. Der schob jedoch sichtlich verärgert Harald zur Seite, strich sein Jackett glatt und meinte mit kalter Stimme: »Bitte hören Sie auf, uns zu stören. Wir sind mitten im Beratungsgespräch.«

»HAHA, das ist gut«, entfuhr es Harald. »Bestimmt beraten Sie, welche Sorte Benzin man Ihnen in Rechnung stellt. Und prüft alles noch mal gründlich im Computer nach ...«

Die Augen des Mannes verengten sich, doch dann plötzlich wurden seine Gesichtszüge etwas milder.

»Gütiger Gott ... Sie tanken doch nicht etwa hier?«, fragte er, jetzt mit ernster Besorgnis.

Harald stutzte. »Äh ... natürlich. Was sonst? Ich meine, was machen Sie denn hier?«

Der Graumelierte schaute Harald lange an, machte einen

tiefen Atemzug und sagte dann mit ruhiger Stimme: »Wir gehen meine Baufinanzierung durch, meine Beraterin hier« – er zeigte auf die gelbberockte Dame an Kasse eins – »hat eine gefährliche Versorgungslücke im finanzierenden Teil des Bausparvertrages entdeckt.«

»Aber irgendwo muss man doch tanken«, schrie Harald. »Mein Auto jedenfalls fährt nicht mit Luft.« Er stockte und fasste dem Mann erneut ans Jackett. Der ließ es diesmal zu. »Wie machen Sie denn das? Wo bekommen Sie Ihr Benzin her?«

Der Mann legte Harald langsam die Hand auf die Schulter, schaute sich diskret um und sagte dann halblaut: »Eine kleine Werkstatt in einem Dorf, circa acht Kilometer von hier. Diskrete Lage, nur Stammkundschaft. Ich gebe Ihnen eine Karte. Sagen Sie, dass Dr. Ross Sie schickt.«

Harald nahm die Visitenkarte entgegen und schaute den Mann an, ohne auch nur ein Wort sagen zu können.

Plötzlich tippte eine Hand auf seine andere Schulterseite. Harald sah in die graublauen Augen von Herberholz. »Ich habe die Profiltiefe Ihrer Reifen gemessen«, sagte der Servicemann mit sorgenvoller Miene. »Aber gute Nachricht: Es ist alles in Ordnung!«

Das war zu viel. Harald begann zu weinen: »O.k., Sie haben gewonnen«, schluchzte er und reichte verzweifelt den Beleg zu der Kassiererin. Herberholz und die Schwarzhaarige sahen sich triumphierend an.

»Sammeln Sie Crazy Points?«, fragte die Mitarbeiterin mit einem leicht sadistischen Unterton.

»Nein, aber für Sie tue ich es gerne«, flüsterte Harald.

»Ich gebe Ihnen einen Aufnahmeantrag mit.«

»Gewiss«, murmelte Harald. Ihm war jetzt alles egal. Er zahlte zwei Euro für einen nutzlosen Plastikporsche, stimmte dem Aktionsangebot zu (»kaufe drei Croissants und erhalte zehn Liter Benzin gratis«) und wurde schließlich Mitglied in einem Buchclub. Dass »Diesel Ultima Extra« pro Liter etwa sechzig Cent mehr als das herkömmliche Diesel kostete, nahm er schulterzuckend zur Kenntnis.

Um kurz nach zwölf verließ Harald das Tankstellenareal. Den Termin sagte er ab, stattdessen beschloss er, in das Hotel zurückzukehren und auszuschlafen. »Ich hätte noch etwas zu trinken mitnehmen sollen«, schoss ihm durch den Kopf, als sein Auto an einem überdimensionalen Papagei vorbeiglitt, der offenbar für ein neues Mineralwasser mit Gurkengeschmack warb ...

Ihr Auto kann mehr

Die Liste der allernotwendigsten Automatiken

Automatikgetriebe

Ursprünglich zur Erleichterung des Fahrens im Stadtverkehr oder Stau gedacht, diente die Automatik der Bequemlichkeit vornehmlich älterer Zielgruppen, die einen besonderen Bezug zu Hüten, Wackeldackeln und gehäkelten Klorollenschonern hatten. In den 80er-Jahren stand die Automatik zunächst noch für sehr ruppiges Fahrverhalten durch grobe Schübe in die jeweils nächste Gangstufe. Inzwischen haben sich Automatikgetriebe jedoch zu zehn- bis zwanzigstufigen Gleitmechanismen für das äußerst komfortable, schubfreie Fahren weiterentwickelt. Leider ist im Gegenzug die Auswahl der richtigen Grundeinstellung einer Automatik mittlerweile so komplex wie das Starten einer Boeing 747 geworden. Der Fahrer kann zwischen Halbautomatik, spezifischen auf Landschaft und Untergrund abgestimmten Modi sowie individuellen Einzelfalloptionen auswählen. Außerdem lässt sich die beabsichtigte Fahrweise festlegen. Da die frühere Zielgruppe von dieser Vielzahl an Funktionen jedoch komplett überfordert ist und nunmehr selbst ein konventionelles Sechs-Gang-Getriebe bevorzugt, erwägen die Fahrzeughersteller jetzt, eine automatische Automatik auf den Markt zu bringen.

Geschwindigkeitscontroller

Diese Servicefunktion hat sich inzwischen in die meisten Navigationssysteme eingeschlichen, wo sie neben Stauumfahrung, Wettervorhersage und Baustellenwarnung nistet. Der Controller kennt überraschenderweise sämtliche Geschwindigkeitsbegrenzungen Ihrer Fahrtstrecke, wird nicht müde, sie permanent anzusagen, und weist im Falle der Überschreitung auf dieses Vergehen hin. Einmal leichtsinnigerweise aktiviert, entfaltet die Automatik die Qualität asiatischer Foltermethoden, die sowohl mit Penetranz als auch mit Kontinuität dafür sorgen, dass Sie den Moment der Ordnungswidrigkeitsbegehung niemals wieder vergessen werden. Das Deaktivieren ist leider ungleich anspruchsvoller, nur einer Handvoll glücklicher Autofahrer soll dies angeblich einmal gelungen sein. Dem ratlosen Rest bleibt leider nur die bedingungslose Unterordnung, sonst: »Binng. Sie überschreiten gerade die zulässige Geschwindigkeit. Binng.«

Klimaregulator rechts/links
Wer kennt das nicht: ER hat es gerne schön kühl um die Nase, SIE fröstelt vorwurfsvoll mit verschränkten Armen und eiskalten Füßen auf dem Beifahrersitz. Die Diskussion über die richtige Innenraumtemperatur ist nach einschlägigen Untersuchungen einer der Hauptgründe für die hohe Scheidungsrate in Deutschland. Mit dem Sitzzonenklimacontroller, den seit geraumer Zeit einige Hersteller im Programm haben, können Paare nun unterschiedliche Temperaturlandschaften für den Fahrer- und den Beifahrersitz erzeugen und sich dann besser über andere Dinge wie Fahrweise, Wegstrecke oder Musikauswahl streiten. Leider treten die beiden Klimazonen relativ schnell in Konkurrenz und versuchen sich gegenseitig zu regulieren. In der Folge drehen die automatischen Systeme immer mehr auf, so dass SIE irgendwann in einer karibischen Sauna und ER in der arktischen Eiswüste weilt. Weitere Konflikte sind also automatisch vorprogrammiert.

Lichtautomatik
Früher galten einfache Kriterien für das Ein- und Ausschalten des Abblendlichtes: Tagsüber ist es hell, nachts ist es

dunkel, in der Dämmerung entscheidet man von Fall zu Fall – oder nach dem Mehrheitsverhalten der Entgegenkommenden. Das war natürlich sehr subjektiv und irgendwie nur gefühlt. Heute regiert die präzise Wissenschaft. Mittels der Lichtautomatik Ihres Wagens wird der genaue Lux-Wert des Umgebungslichtes mit der Luftfeuchtigkeit und der zu erwartenden Lichtbrechung multipliziert. Hieraus errechnet die Automatik in einem aufwändigen mathematisch-physikalischen und ISO-genormten Verfahren den optimalen Zeitpunkt der Lichtzuschaltung. In der Praxis heißt das: Tagsüber ist es hell, nachts ist es dunkel, in der Dämmerung entscheidet die allmächtige Automatik von Fall zu Fall – oder nach dem Mehrheitsverhalten der Entgegenkommenden.

Sitzheizung
Diese an sich angenehme Erfindung ermöglicht es, die Gemütlichkeit einer warmen Badewanne auch im winterlichen Straßenverkehr zu erleben. Aber Vorsicht! Der Schein trügt. In Wirklichkeit ist das Aufkommen der Sitzheizung einer der ganz großen Irrtümer der Automobilindustrie. Forscher haben nämlich herausgefunden, dass die permanente Überhitzung des männlichen Gemächts zu Problemen bei der Fortpflanzung führt und damit die Zeugung späterer Käufergruppen von vornherein vereitelt.

Standheizung
Vorbei die Zeiten, in den man winters mit tauben Händen zunächst den Eiskratzer abbrach und dann mit der Hülle seiner Lieblings-CD die Wagenscheiben notdürftig freikratzte. Der moderne Autofahrer kann bereits beim Frühstück vom Küchenfenster aus mittels Fernbedienung im 300 Meter weiter geparkten Fahrzeug das gleiche Klima wie im heimischen Kaminzimmer erzeugen. Noch luxuriösere Varianten bieten

eine Zeitautomatik, die dem Fahrzeug bereits um vier Uhr morgens kräftig einheizt. Abgesehen davon, dass es sich hier um ein schweres Klimavergehen handelt, das mittelfristig Eisbären, Pinguine und die Bewohner tropischer Inseln obdachlos macht, sollten Sie vor Benutzung dieser Einrichtung auch überlegen, welche Lebensmittel Sie abends aus Bequemlichkeit im Wagen zurückgelassen haben. Anderenfalls sprudelt Ihnen möglicherweise ein blasenwerfender Fleischsalat entgegen, der bereits seine Plastikschale gesprengt hat und sich nun auf Ihrem Beifahrersitz breitmacht.

Tankcontroller

Diese Nebenfunktion des Bordcomputers ist ein kleines mathematisches Wunder: Ihr Tank fasst 50 Liter Benzin, und Ihr Wagen hat einen Verbrauch von sieben Litern auf hundert Kilometer. Nach herkömmlicher Berechnung würde dies einer Fahrtstrecke von guten 700 Kilometern entsprechen. So weit Dreisatz und Schulmathematik. Ihr Tankcontroller lebt jedoch in einem Paralleluniversum, in dem völlig andere physikalische Gesetze gelten. So können Sie mit der genannten Tankfüllung nach Angaben der Automatik ab Flensburg bis nach Marokko fahren (eventuell auch zurück). Sollten Sie sich beseelt und in Sicherheit wiegend tatsächlich auf diesen Weg begeben, beginnt der Rechner bereits auf der Höhe von Würzburg kleinere Brötchen zu backen. Vermutlich reicht der Sprit nun doch nur bis zu den Dolomiten (ohne Steigung). Überraschenderweise stranden Sie nach zufällig genau 700 Kilometern auf dem Standstreifen der A3, natürlich mit dem maximalen Abstand zur nächsten Notrufsäule, im Funkloch und ohne Reservetank und Schutzbrief, dafür inmitten eines einsamen Waldgebietes. Danke, Tanke!

Alle gegen Grützner
Warum die Weltverschwörung direkt
vor der Haustür beginnt

Wissen Sie, Harald Grützner ist im Prinzip ein netter Kerl.
So einer wie du und ich. Vielleicht ein bisschen mehr wie
du. Er ist Mitte vierzig, alleinstehend, über ein Meter 92
groß und trägt ein paar Kilo zu viel unter seinen Business-
anzügen. Und er hat einen Job als selbständiger Handelsvertreter für hochwertige und allerexklusivste Schokola-
denwaren der Firma Orphée International. Dafür muss er
ständig kreuz und quer durch die Republik fahren, weil seine
Kunden – Feinkostläden, Schlemmertempel, Kaffeehäuser –
einfach in jeder großen, mittleren und kleinen deutschen
Stadt zu Hause sind. Harald, der sich »Sales Director Mar-
ket & Treasure Germany« nennen darf, vertreibt professio-
nell hochprozentige Plantagenschokoladen, feinste Schoko-
ladenpralinen und Bitterschokoladenspezialitäten in völlig
ausgefallenen Geschmacksrichtungen wie etwa Schwarzbier-
Muskat, Cranberry-Meersalz, Veilchen-Vanille-Zitronengras
oder seit letzter Woche auch Apfel-Zimt-Edamer, was er eigentlich ziemlich widerlich findet, aber natürlich nicht sagen
darf. Persönlich isst Harald lieber Vollmilchschokolade aus
dem Discounter, aber auch das verschweigt er seinen Kunden besser, insbesondere den Bio-Handelshäusern, die zu
seinen dankbarsten Kunden zählen.
  Wer einen Job wie Harald macht, ist viel allein auf den

Straßen unterwegs, vergleichbar mit den Heerscharen von Lastwagenfahrern, mit denen sich Harald aber nicht vergleichen möchte. Erstens kommen die inzwischen weitgehend aus Polen und Litauen (Harald stammt aus Osnabrück), zweitens schlafen die meisten in ihren Fahrerkabinen (Harald wählt gepflegte Mittelklassehotels der preiswerteren Kategorie), und drittens fahren diese Jungs Waren aus. Harald hingegen hat immer nur Warenmuster dabei. Und natürlich Kataloge, Bestellscheine, Präsentationsfolien, Prospekte, Fair-Trade-Zertifikate sowie einen Haufen anderer nutzloser Dinge, die sich bei längeren Dienstreisen dann mit Kaffeebechern, Burgertüten, Kaugummipapieren, Plastikflaschen und Notizzetteln quer über Beifahrersitz, Rückbank, Ablageflächen, Tür- und Handschuhfächer sowie den Kofferraum ausbreiten und zu einer immer unappetitlicheren und irgendwann auch ein wenig riechenden Melange vereinigen. Nach spätestens drei Tagen auf der Straße pflegt Harald seinen Kombi möglichst einige Blocks vom besuchten Kunden entfernt zu parken, da ihm der Anblick seines zugemüllten Wagens selbst ein bisschen peinlich ist.

Eine Zeitlang pflegte Harald, sämtlichen Abfall einfach in unbeobachteten Momenten aus dem Fenster zu werfen, bis ihn dabei einmal eine sehr hübsche Brünette sah und ihn anschließend so verachtend anblickte, dass er sich noch mehrere Wochen lang schämte. Recht machen kann man es natürlich nie jemandem. Einmal in München, als der Innenraumzustand wieder einen kritischen Wert erreicht hatte, hielt Harald an einer Bushaltestelle, kramte den ganzen Mist zusammen und stopfte ihn nach und nach in den Mülleimer am Warteunterstand. Es war so viel zusammengekommen, dass der Behälter völlig überquoll. Als Harald gerade im Begriff war, die letzte, erdbeercremedurchtränkte Kuchentüte in den Mülleimer zu pressen, pochte ihm ein Rentner mit seinem Gehstock auf die Schulter und belehrte ihn, die öffentlichen Mülleimer seien nicht zur Hausmüllentsorgung gedacht. Harald, der gerade an dem Tag eine sehr unangenehme Abfuhr seiner damals Angebeteten erhalten hatte, verlor die Beherrschung und beschimpfte den Pensionär als »Müllblockwart«, woraufhin dieser erst mit der Polizei drohte, sich aber dann schnell entfernte, als Harald ihm Prügel versprach. Schnaubend saß Harald anschließend in seinem Wagen und fragte sich, warum eigentlich immer ihm diese Dinge passierten.

Das ist ohnehin so ein Gefühl, das er seit Jahren mit sich herumträgt. Dass nämlich höhere Kräfte sich gegen ihn, Harald Grützner, irgendwie verschworen haben und jeden Tag erneut sein Autofahrerleben zur Hölle machen wollen. Manchmal entkommt er ihnen, lachend. Doch meist erwischen »sie« ihn im Laufe eines Tages. Gelegenheit dazu gibt es ja schließlich genug. Seine Vorstellung der Verschwörung ist undeutlich. Manchmal denkt er, dass es vielleicht eine unterirdische Schaltzentrale gibt, in der fiese Aufseher eine Grässlichkeit nach der anderen ersinnen, um ihm sämtliche nur denkbaren Steine in den Weg zu legen. Diese Schwierigkeiten stehen nach Haralds Erfahrung übrigens in einem direkten Verhältnis zur verbleibenden Zeit bis zum nächsten Termin. So ist Harald sicher, dass diese Leute (aber sind das überhaupt Menschen?) eine Armada von Behinderungsfahrzeugen steuern, die sich zu gegebener Zeit in den Straßenverkehr einreihen. Das geht jeden Morgen los, wenn er in seinem Stadtviertel das Haus verlässt, um die nächste Dienstreise anzutreten. »Achtung, er kommt«, blinkt es dann durch die Zentrale. Zwei graugesichtige Typen mit schiefen Zähnen und diabolischem Grinsen schauen jetzt auf ihr Display.

»Grützner fährt los«, meint der eine.

»Ich sehe es, Chef, ich sehe es …«, kichert der (bucklige) Zweite. »Bin schon dran, hehehe …«

Harald fühlt sich in seinem Viertel eigentlich sehr wohl. Da gibt es wundervoll restaurierte alte Häuser aus der Gründerzeit, kleine begrünte Flächen, alte Bäume und lauter nette Kneipen – leider aber auch: wenig Parkplätze, enge Gassen und vor allem Einbahnstraßen. Harald muss, um das Viertel verlassen zu können und zur Autobahn zu kommen, eine geradezu abenteuerliche Wegstrecke durch das Viertel fahren. Er hat schon mehrmals erwogen, abends an der Schnellstraße zu parken und morgens einfach zu Fuß dorthin zu laufen, aber dann müsste er seinen schweren Musterkoffer und den Trolley für die meist zwei- bis dreitägige Dienstreise, dazu noch die Hemden- und die Laptoptasche zwei Kilometer weit tragen. Dann lieber das Hindernisrennen.

»Chef, er biegt in die Kusebertstraße ein«, wiehert der Bucklige. »Müllwagen starten«, befiehlt der Erste im fahlen, von unten aufleuchtenden Licht der Schaltzentrale. Aus einer Hofeinfahrt biegt ein blaues Müllauto in die kaum passierbare Einbahnstraße. Harald flucht zum ersten Mal an diesem sonnigen Morgen. Er ist – wie immer – knapp dran. Ein langhaariger Lümmel mit einer Zigarette im Mund starrt ihn abschätzend an, während er lustlos eine Papiertonne zwischen zwei Wagen auf die Fahrbahn zerrt, wobei er noch einen der Außenspiegel umknickt. Haralds Adrenalinspiegel steigt. In Zeitlupe setzt der ungepflegte Bursche die Tonne an die Halterung des Fahrzeugs, betätigt dann einen Knopf und wartet gleichgültig, bis sich die Tonne im Wageninneren entleert hat. »Wiederholen!«, befiehlt der Chef am fahlen Computerdisplay. Harald hat gerade wieder in den Fahrbetrieb geschaltet, da schaut der langhaarige Müllmann in die Tonne, stellt fest, dass sie nicht leer ist, rastet sie wieder ein und drückt ein weiteres Mal gelangweilt den Knopf.

»Der Grützner kocht schon vor Wut«, kichert der Operator voll Schadenfreude. »Soll ich noch mal …?«

»Ach, nun machen Sie mal was anderes, wir haben doch noch so viel im Arsenal«, verlangt sein Vorgesetzter ungeduldig. »Das kleine Reinigungsfahrzeug zum Beispiel, bei dem sich immer der Drahtbesen an der Straßenlaterne verhakt, die Frau mit dem Kinderwagen und den beiden Hunden, die unvermutet auf die Fahrbahn laufen, der kleine Junge, der auf der Straße Radfahren übt, die Fahrschule …« Beide Männer lachen laut und hässlich los. »Ja, Chef, die ist wirklich herrlich!«, brüllt der Bucklige schenkelklatschend. »Heute mal rückwärts einparken üben? Was meinen Sie?«

So oder so ähnlich muss das einfach ablaufen, ist sich Harald sicher, wenn er schließlich doch noch den Stadtteil verlässt, dann mit wieder halbwegs versöhnlicher Laune auf die Autobahn einbiegt und sich auf die nächste ungewisse Reise mit ihren Staus, schlechten Raststätten und nicht vorhandenen Parkplätzen am Zielort begibt. Anders jedenfalls kann er sich nicht erklären, wie es schon morgens zu dieser eigentlich unfassbaren Häufung absurder Zwischenfälle kommt.

Oder nehmen Sie einmal diesen Montagmorgen im Mai, an welchem Harald zu einem eiligen Termin in Bremen aufbrach. Er parkte rechts in dem sehr engen Elsbethweg, an dem seine Wohnung lag. Hier einen Parkplatz zu finden, war schon ein sehr großes Glück. Harald setzte den Blinker und schaute in den Rückspiegel. Gerade fuhr ein grüner Dacia an ihm vorbei. Der Fahrer entdeckte Haralds Absicht, hielt abrupt an und blinkte rechts. Harald schaute auf das weiße Rücklicht. »Wie soll ich denn da vorbeikommen?«, schüttelte er den Kopf und blickte über seine Schulter. Gut, dann würde er eben rückwärts ausparken und ein Stück zurücksetzen, den guten Mann einparken lassen und dann weiterfahren.

In diesem Moment erschien hinter ihm ein weißer Seat und fuhr bis fast an Haralds Wagen heran. Der grauhaarige Fahrer setzte ebenfalls den Blinker nach rechts. Harald bedeutete dem Mann mit Winkbewegungen, er möge doch zurückfahren, aber der Fahrer reagierte nicht. Harald schaute wieder nach vorne. Der Dacia machte auch keinerlei Anstalten, die soeben eroberte Position wieder zu verlassen. Hinter ihm hupte es. Es war nicht ganz klar, ob das von dem Seat oder dem mittlerweile dahinter aufgetauchten Kleintransporter kam.

Harald hupte mit, doch es half nicht wirklich. Schließlich sprang er aus seinem Wagen und lief vor zu dem Fahrer des Dacias. »Hören Sie, wenn Sie da stehen, komme ich nicht raus, und zurücksetzen kann ich auch nicht.«

Der Mann, ein schwarzhaariger Altpunk, musterte ihn durch seine rabenschwarze John-Lennon-Brille. »Ach, und jetzt soll ich den Parkplatz aufgeben, oder wie?«, ätzte er, »ich war zuerst an der Lücke, schon gemerkt?«

Harald atmete tief durch. »Da ist gar keine Lücke, weil ich nämlich gar nicht rauskomme, schon gemerkt?«, gab Harald zurück.

»Ist wohl kaum mein Problem«, antwortete der Schwarzhaarige. »Soll doch der Typ da zurücksetzen.«

Der »Typ« war gerade ausgestiegen. »Was ist denn da los?«, brüllte er. »Geht's mal weiter, oder was? Ich will einparken.« Harald ging zu dem grauhaarigen Mann, der bei näherem Hinsehen eine durchaus ansehnliche Fitnessclubfigur hatte. »Können Sie nicht zurückfahren? Der Herr dort war doch zuerst an dem Parkplatz«, argumentierte Harald.

Der Grauhaarige lief rosa an. »Was geht dich denn das an, Bürschchen? Ich hatte den Blinker zuerst draußen!«

Harald sah dem Mann tief in die Augen. »Hören Sie, wenn Sie beide hier nicht wegfahren, dann kann ich nicht ausparken. Und dann bekommt keiner den Parkplatz.«

»Und wenn ich zurücksetze, bekomme ich den Parkplatz auch nicht, wo ist denn da bitte der Unterschied?«, fragte der Fahrer.

Harald war verdutzt. Der Mann hatte logisch gesehen irgendwie recht. Allerdings half das nun wirklich nicht weiter.

»Was ist hier eigentlich los?«, rief plötzlich ein rundlicher Mann mit schütterem Haar, der aus dem Transporter hinter dem Seat ausgestiegen war. »Ist das ein Vereinstreffen, oder was?«

»Können Sie vielleicht ein Stück zurückfahren«, fragte

Harald hoffnungsvoll, »dann könnte der Herr hier zurücksetzen, und ich käme aus der Lücke.«

»Kommt überhaupt nicht in Frage«, schrie der Grauhaarige. »Bleiben Sie da stehen, wo Sie sind, niemand kann Sie zwingen zurückzusetzen«, beschwor er den Transportermann, der diesen bizarren Streit verständnislos zur Kenntnis nahm. Jetzt trat auch der Altpunk zu der Gruppe. »Ich will das Kaffeekränzchen ja nicht stören, aber vielleicht könnte ich freundlicherweise inzwischen einparken? Ich hab's nämlich eilig«, knurrte er.

Harald begann missmutig zu werden. »Da sind Sie nicht der Einzige, los, fahren Sie endlich da vorne weg, Sie versperren mir den Weg«, rief er erregt.

»Aha, so geht das jetzt also«, schrie der Punk. »Habt ihr euch wohl inzwischen geeinigt, ja? Kleine Absprache, ja? Aber da mache ich nicht mit. Was hat er dir gezahlt?«

»Das ist doch die Höhe, ich rufe die Polizei«, schnappte der Weißhaarige zurück. »Das muss ich mir doch wirklich nicht bieten lassen.«

»Bitte, bitte, wenn der Herr meint, bitte schön, bitte schön …«, krakeelte der Dacia-Fahrer und stellte sich mit verschränkten Armen vor den Grauhaarigen. Harald registrierte, dass er eine Markenlederjacke mit Nieten trug.

Plötzlich kam ihm eine Idee. Er sprang wieder in den Wagen und begann sein Auto hin und her zu bewegen, allerdings in Richtung Bürgersteig. Endlich stand der Wagen auf dem Gehweg. Langsam fuhr Harald rechts an den parkenden Fahrzeugen vorbei, bis er 50 Meter weiter an einer Einfahrt wieder in die Straße einfädeln konnte. Im Rückspiegel sah er, dass die Konkurrenten beide halb in die Parklücke gefahren waren und mit wilden Armbewegungen einander anschrien. Es war mehr als klar, dass diese Typen von den Unterirdischen geschickt worden waren.

Tief in seinem Inneren weiß Harald natürlich, dass es wahrscheinlich keine unterirdische Zentrale gibt. Andererseits findet er die Vorstellung auch ganz beruhigend, denn es wäre immerhin eine Erklärung – für alles.

Der Feind in meinem Armaturenbrett
Warum man der Bordelektronik
gründlich misstrauen sollte

In allen Lebensbereichen schreitet der technische Fortschritt erfreulich schnell voran und hilft zunehmend, die Schwierigkeiten des täglichen Lebens zu meistern. Nehmen Sie einmal einen so anspruchsvollen Vorgang wie das Anhören eines Musikstückes. Im 19. Jahrhundert musste man dafür in ein Konzert gehen und möglicherweise tagelang zu Fuß oder per Kutsche reisen, um irgendwann den Ort zu erreichen, an dem vielleicht die passende Musikdarbietung stattfand. Später gab es Grammophone, dann Schallplattenspieler und schließlich den Kassettenrekorder. Dieser war eine sehr vielschichtige Angelegenheit. Einerseits: Das Tor zu fast unendlicher Hörfreiheit, konnte man doch damit immerhin sein Lieblingsmusikstück aus der sonntäglichen Radiohitparade aufnehmen, in das dann regelmäßig ein ungeduldiger Hörfunkmoderator mit falschem amerikanischem Akzent hinein quatschte. Andererseits: Ein technisches Komplexum, bei welchem zwischen Funktionen wie Abspielen (›), Vorlauf (››), Rücklauf (‹‹) und »Record« (O) gewählt werden musste. Die Bedienung erfolgte über eine grobe, fünfteilige Tastatur – hinzu kam die schwerwiegende Frage, ob man Chrom- oder Eisenkassetten verwendet.

Wie unendlich einfach ist dagegen das heutige Musikhören mittels eines »EasyMode Plug&Play Erasers«.

Sie erwerben dieses Gerät in einem Elektronik-Discounter, installieren die zugehörige Software »EasyMode Simple 3.0«, registrieren sich im Internet, das heißt, Sie versuchen es, scheitern, rufen die (gebührenpflichtige) Hotline an, scheitern erneut, befragen den technikkundigen Nachbarn, scheitern zum dritten Mal, gehen diesmal in einen High-End-Elektronikhandel mit Fachberatung, erfahren dort, dass Sie zuvor den letzten Müll erstanden haben, kaufen dann den dreimal so teuren »High-Definition SuperturnOutplacer«, installieren die zugehörige Designer-Software »SuperX Profi 5.2«, scheitern, rufen die (sehr gebührenpflichtige) Edel-Hotline des Herstellers an, haben nach zwanzig Minuten im Display des Gerätes endlich den falsch gewählten Button entdeckt, registrieren sich nun tatsächlich im Internet, erhalten eine Bestätigungsmail, mit der Sie den Registrierungsvorgang beenden, um dann ein weiteres Programm von der Website des Herstellers herunterladen zu können, welches das Gerät aber aus irgendeinem Grund nicht verarbeitet, wechseln dann auf eine der Dutzenden Tausch- oder Musikbörsen im Internet, laden Ihr Lieblingsmusikstück – oder das, was Sie dafür halten – herunter, speichern es ab, stellen fest, dass das nicht funktioniert hat oder dass Sie nicht verstehen, wie man Musikstücke anschließend wieder aufruft.

Schließlich haben Sie die Nase so voll, dass Sie »das Gerät« in die Ecke legen und beschließen, einfach so lange Autoradio zu hören, bis Ihr Lieblingsstück kommt, was Sie allerdings dann nicht aufnehmen können.

Unglücklicherweise ist der technische Fortschritt nicht auf

den Audio-Bereich begrenzt. Ein Auto etwa – früher ein-
mal ein handfestes mechanisches Produkt, an dem man so
manchen Samstagvormittag in der Garage munter herum-
schrauben konnte – ist inzwischen voll digital. Früher konn-
te man sich in seinen Wagen setzen, den Schlüssel umdrehen
(ok, vorher den Choke ziehen) und dann einfach losfahren.
Früher …!

Harald Grützner zum Beispiel bekam unlängst nach sie-
benmonatiger Wartezeit endlich seinen neuen Mittelklas-
sewagen, auf den er lange gespart hatte. Denn sein alter
Volvo hatte nach einem langen, von schwedischer Zuverläs-
sigkeit geprägten Dasein sein Leben ausgerechnet in einer
schwer zugänglichen Parklücke in der Bremer Innenstadt
ausgehaucht, was Harald einen kostspieligen Abschlepp-
dienst-Einsatz und einen komplett verlorenen Nachmittag
eingebracht hatte. Und nach einigen Monaten mit Leihwa-
gen und geborgten Autos von immer verschnupfter reagie-
renden Freunden lag dann eines Morgens endlich der Brief
vom Autohaus im Kasten mit der ersehnten Nachricht, er
könne den bestellten Wagen abholen.

»Sie haben großes Glück!«, rief der rothaarige Autoverkäufer, als Harald die Verkaufsräume betrat. Harald schwante
nichts Gutes, denn das war der Spruch, den auch er bei Kunden verwendete, und zwar, wenn definitiv alles schiefgegan-
gen war. Die bestellte Ware lag dann in der Regel in Guatemala und weste still vor sich hin, statt die Auslagen der von
Harald betreuten Geschäfte zu zieren. »Wissen Sie«, strahlte
der Rothaarige, während er sein Namensschild mit der Aufschrift »Ihr freundlicher Autoberater K. Bertram« zurecht-

zupfte. »Wissen Sie, Ihre Wagenkonfiguration wurde kurzfristig im Werk gesperrt. Irgendein Produktionsfehler. Aber keine Sorge: Sie erhalten ein Upgrade auf die nächsthöhere Wagenklasse. Das ist der Epremo brillianza – da werden Sie staunen, was der alles drin hat. Doch das Allerschönste: Er steht auf dem Hof. Und was sagen Sie? Sie können ihn gleich heute mitnehmen.«

»Das ist prima«, meinte Harald reserviert. »Den Vorteil kann ich aber noch nicht ganz erkennen, Sie hatten mir doch sowieso schriftlich mitgeteilt, dass mein Wagen heute abgeholt werden kann.«

»Ja, aber was für ein Wagen!«, rief Bertram, stirnrunzelnd das »was« mit gespielter Entrüstung betonend. »Ein Epremo Rudimento! Tsss, wer fährt denn heute noch so was?«

Harald dachte kurz an das zurückliegende Verkaufsgespräch, bei dem Bertram ihm denselben Wagentyp als das Nonplusultra automobiler Ingenieurskunst angepriesen hatte. Doch er hatte keine Zeit, diesen Sinneswandel zu analysieren, weil Bertram ihn auf den Hof drängelte, während er unablässig eine endlose Kette zusätzlicher Ausstattungsmerkmale aufzählte. Offenbar war der Rudimento nur eine bessere Dampfmaschine gewesen.

»Das Radio zum Beispiel, das ist nicht irgend so ein Radio, das ist eine kleine Radiostation«, plapperte Bertram. »Da bekommen Sie Sender aus der ganzen Welt in digitalster Qualität rein. Und die Sensorik, sage ich Ihnen, die ist feinfühliger als Ihre Frau, haha, sie misst Regendichte, Lichtintensität, Füllstände aller Betriebsflüssigkeiten, sogar das Insassengewicht …«

Harald starrte Bertram an. »Na, wegen des Reifendrucks!«, rief Bertram. »Der wird nach jeder Völlerei ganz automatisch angepasst, haha. Zudem hat der Wagen einen HAL-9000-Bordcomputer, das ist der allerneueste Schrei, der führt Sie in eine andere Dimension des Autofahrens ...«

»Grün«, unterbrach Harald und starrte den Wagen an.

Bertram blickte irritiert auf. »Wie meinen ...?«

»Grün«, wiederholte Harald. »Der Wagen ist grün, ich hatte eisgrau metallic bestellt.« Ein unheilvolles Schweigen breitete sich aus.

»Gut, aber er hat einen Air-Clean-Controller und Lauflichter unter der Abdeckplatte«, nuschelte Bertram, deutlich kleinlauter. »Wenn Sie mir vielleicht jetzt für den Schriftkram ins Büro folgen würden ...«

Nachdem er einen Nachlass von zwei Prozent wegen der falschen Farbe herausgeschlagen hatte, verließ Harald entnervt die Verkaufsräume und steuerte sein Technikwunder an.

»Soll ich Ihnen eine Basis-Einführung in die Wagenbedienung geben?«, rief Bertram ihm nach.

»Nicht nötig«, knurrte Harald. »Ich bin schon mal Auto gefahren.« Bertram schaute ihm höhnisch nach. Nur wenige Augenblicke später hätte sich Harald für seine Arroganz verwünschen können. Das Öffnen der Türen war ihm noch leicht von der Hand gegangen. Doch schon beim Einstecken des Wagenschlüssels tauchten ernste, sehr ernste Probleme auf. Wo, zum Teufel war das Zündschloss? Rechts neben dem Lenkrad war jedenfalls nichts.

Harald nahm die Konsole neben dem Lenkrad ins Visier. »Warum müssen die eigentlich immer alles anders machen als früher?«, dachte er völlig verärgert. »Jahrzehntelang hat man den Autoschlüssel in ein Schloss rechts neben dem Lenkrad gesteckt. Das war klar, das war bewährt, das war gelernt. Aber das wäre ja zu einfach, das könnte ja jeder, da wäre der Herr Auto-Star-Designer ja nicht glücklich«, schimpfte Harald vor sich hin, während er fahrig die gesamte Innenraumverkleidung abtastete. »Mittelkonsole«, schoss ihm durch den Kopf – doch dort waren leider nur eine Handy-, eine MP3-Player-Vorrichtung und ein Handschuhfach untergebracht. Auch unterm Lenkrad und in der Armlehne hatte er keinen Erfolg.

Harald fluchte, er wollte endlich losfahren, zumal ihn seine Blase ein wenig drückte. Um jeden Preis musste er jedoch vermeiden, in die Verkaufsräume zurückzugehen und diesem scheußlichen Bertram wieder in die Hände zu fallen. Zu allem Übel blendete ihn die tiefstehende Nachmittagssonne ganz fürchterlich, das Licht brach sich in den Pfützen des Platzregens vom Vormittag und stach ihm in die Augen. Seine Sonnenbrille lag natürlich zu Hause. Harald klappte die Sonnenblende herunter – da sah er die Schlüsselöffnung. »Ich fasse es nicht«, flüsterte er heiser. »Unter der Sonnenblende!! Wer denkt sich so einen Dreck aus?«

Der Motor lief. Harald stellte die Automatik auf D wie Drive. Nichts geschah. Harald nestelte an der Handbremse herum, allerdings ohne irgendeine Wirkung zu erzielen. »Was zum Teufel …«, brummelte er ungeduldig, da machte es auf einmal »Binng«, und eine von Meeresrauschen und zarten Harfentönen umspielte Stimme sagte: »Guten Tag, hier ist das Fahrerinformationssystem. Herzlichen Glückwunsch, dass Sie sich für den Epremo brillianza entschieden haben. Wir beginnen nun mit der Festlegung aller Grundeinstellungen, die Ihnen bei allen künftigen Fahrten zur Verfügung stehen. So sorgt der Epremo brillianza jederzeit für allerhöchsten Fahrtkomfort.«

Auf dem Armaturenbrett war eine lachende Sonne erschienen, die Sprechlaute imitierte und den komplett fassungslosen Harald an etwas erinnerte, auf das er aber gerade nicht kam. »Folgen Sie nun dem Sprachmenü«, fuhr die Sonne fort, »indem Sie jeweils eine der genannten Optionen wählen. Möchten Sie sich erst zu einem späteren Zeitpunkt festlegen, sagen Sie einfach ›weiter‹.«

»Weiter«, sagte Harald.

»Diese Funktion steht augenblicklich nicht zur Verfügung«, antwortete die Sonne lachend. »Wir beginnen nun mit der Festlegung des Sitzprofils. Sitzen Sie augenblicklich bequem?«

»Nein …, das heißt doch, ja, Ja, JAA …«, rief Harald hektisch, doch es war bereits zu spät.

»Fahren Sie den Sitz in eine für Sie angenehmere Position«, verlangte die Sonne.

»Weiter«, forderte Harald.

»Diese Funktion steht augenblicklich nicht zur Verfügung«, teilte das System mit. »Fahren Sie den Sitz in eine für Sie angenehmere Position.«

Seufzend drehte Harald ein wenig am Halterungsrad des Sitzes und wartete dann. »Sitzen Sie augenblicklich bequem?«, fragte das System erneut.

»Ja«, sagte Harald mit Nachdruck. »Ja, ich sitze gut und bequem.«

»Bitte wiederholen«, verlangte das System. Harald begann zu schwitzen. Besser war es, nur mit ja, nein oder weiter zu antworten. Die Sonne lachte jetzt auch gar nicht mehr. »Sitzen Sie augenblicklich bequem?«

»Weiter«, sagte er mit belegter Stimme.

»Wir fahren nun mit der Festlegung der Außenspiegelpositionen fort«, erläuterte die Sonne und wollte dann wissen: »Sind Sie mit der jetzigen Position der Spiegel zufrieden?«

»Weiter«, rief Harald, dem die Sache immer suspekter wurde.

»Nun folgt die Festlegung der Innenspiegelposition«, kündigte das System unerbittlich an.

»Weiter«, rief Harald.

»Diese Funktion steht augenblicklich nicht zur Verfügung«, mäkelte die Sonne. Harald hätte sich ohrfeigen können, weil er zu früh geantwortet hatte. »Sind Sie mit der jetzigen Position der Spiegel zufrieden?«, bohrte die Höllensonne nach.

»Weiter«, murmelte Harald – und ebenso beantwortete er die Fragen nach dem bevorzugten Scheibenwischerintervall, dem favorisierten Reifendruck sowie der Basiseinstellung seines Automatikgetriebes (»komfortabel, sportlich oder offensiv«). »Sie haben 0 Einstellungen festgelegt und 14 Einstellungen auf einen späteren Zeitpunkt verschoben«, fasste die Sonne sachlich zusammen. Harald war sich aber sicher, einen beleidigten Unterton zu hören. Jetzt fiel ihm auch ein, woran das blöde Ding ihn erinnerte. Es war die unheimliche Sonne aus den Tele Tubbies. Doch zum Sinnieren blieb wenig Zeit.

»Ich starte den Sendersuchlauf Ihres Komfort-Audio-Centers«, kündigte die Sonne an.

»Weiter«, brüllte Harald. Dann herrschte plötzlich überraschend Ruhe. Die Sonne verschwand in einem digitalen Gekräusel. Leise lief der Motor vor sich hin. Vorsichtig gab Harald Gas. Der Wagen fuhr an.

Mehrere hundert Meter weiter überkam Harald trotz seiner zunehmend drückenden Blase ein unglaubliches Glücksgefühl. Gut, das Auto war grün, diese sprechende Nervensäge einfach nur zermürbend. Aber jetzt fuhr der Epremo. Das heißt, er schnurrte geradezu. Ein wundervolles Geräusch. Harald sog den Geruch von nagelneuem Stoff und frischem Plastik ein und bewunderte die diskreten LED-Leuchten. Trotz der ockergelben Innenraumfarbe fühlte er sich doch sehr wohl in seiner neuen Fortbewegungswelt. Seine Hand streckte sich nach dem Radio aus. Beziehungsweise zu dem großen Regler, den er für den Einschaltknopf hielt. Mit einem sonoren »Plopp« fuhr ein Gestänge mit einer Becherhalterung aus.

Der Feierabendverkehr begann sich bemerkbar zu machen. Gerade bog Harald auf die vielbefahrene Stadtautobahn ein. Nicht gänzlich zufrieden mit dem bisherigen Ergebnis seiner Bemühungen fingerte Harald erneut an der Konsole herum. Der Becherhalter entfaltete sich weiter und bot jetzt praktischerweise Platz für drei Becher und weitere Utensilien, versperrte allerdings den Zugriff auf die dahinter liegenden Knöpfe. Leise fluchend versuchte Harald, das Ding wieder in die Konsole zu schieben, was sich als erstaunlich schwierig erwies. »Ist ja schlimmer als einer von diesen fürchterlichen Stadtplänen mit Spezialfaltung«, dachte Harald. Er versuchte erneut sein Glück, indem er Halterung zwei über Halterung drei schob, um dann alles zusammen in die Vertäfelung zu drücken.

Es knirschte.

Harald zog hastig die Hand zurück. Der Becherhalter hing nun etwas schief vor der Konsole und machte einen sehr traurigen Eindruck. Harald versuchte, ihn geradezubiegen, rutschte ab, geriet dabei mit dem Daumen an einen Schalter, den er bislang übersehen hatte, woraufhin erst ein schmatzendes Geräusch und dann ohrenbetäubende arabische Musik erklangen.

Er hatte das Radio entdeckt.

Auf dem Display waren statt der Sonne nun arabische Schriftzeichen zu sehen oder etwas, das Harald für solche hielt. Er hatte offen gestanden keine Ahnung vom Arabischen, meinte aber, solche Symbole an seiner Lieblings-Dönerbude schon einmal gesehen zu haben. Erneut drückte er den Schalter. Die Musik veränderte sich. Es wurde jetzt eine andere arabische Richtung gespielt, eine härtere. Auch weiteres Drücken änderte daran nichts, es folgten arabische Durchsagen, vermutlich die Live-Übertragung eines Muezzins (das Display zeigte jedenfalls Schriftzeichen mit einer Krone darüber) und eine erregte, auf Arabisch geführte Diskussion. Jetzt zeigte sich, dass es wohl vorschnell gewesen war, der blöden Sonne den Sendersuchlauf zu verbieten. Das Radio stand wahrscheinlich auf Werkseinstellung, und die war aus irgendeinem Grund arabisch, wie Harald sich fluchend eingestehen musste. Vielleicht weil es im Alphabet vorne steht.

Er fingerte weiter, konnte aber weder den Ausschalt- noch den Lautstärkeregler entdecken. Obwohl … Haralds Blick fiel auf einen mattroten Knopf mit einem nicht interpretationsfähigen Signet, der leider direkt hinter dem beschädigten Becherhalter versteckt war. Im Radio setzte ein neuer, in Maximallautstärke vorgetragener Klagegesang des vermuteten Muezzins ein. »Jetzt oder nie«, dachte Harald – und drückte den Knopf.

Heftiger Fahrtwind umwehte ihn, und ein metallisches Klingeln übertönte die Sprechgesänge. Entsetzt blickte Harald sich um. Die Kofferraumklappe hatte sich geöffnet. Immerhin automatisch, wie er widerwillig bewundernd feststellte. Schnell drückte er noch einmal den Knopf, doch der Erfolg blieb aus. »Kofferraumklappe geöffnet. Bitte umgehend anhalten«, meldete sich das Fahrerinformationssystem streng, aber wenigstens auf Deutsch. Es übertönte sogar das klagende, einsilbige arabische Hirtenlied, das kurz zuvor begonnen hatte. Auf dem Display war eine sich ständig öffnende Klappe zu sehen, daneben ein grell-rot blinkendes Ausrufezeichen. »Bitte sofort anhalten!«, verlangte das System jetzt mit barschem Ton. »Sehr lustig«, zischte Harald und schaute zu beiden Seiten. Er befand sich auf der Mittelspur der inzwischen brechend vollen Stadtautobahn. Harald setzte den Blinker nach rechts und versuchte hinüberzuziehen, was ihm jedoch nur Kopfschütteln, Lichthupe, zwei Vogelzeichen und eine noch schlimmere Geste eines vorbeifahrenden Golffahrers einbrachte.

Ein gongartiger Warnton unterbrach erneut die arabische Musik, dann bremste der Wagen plötzlich von selbst und blieb ruckartig stehen. Harald schrie auf und schloss die Augen – in Erwartung eines mörderischen Aufpralls. Hinter ihm hörte er quietschende Reifen, doch das ganz Schlimme blieb aus. Dafür ertönte nun ein ohrenbetäubendes Hupkonzert. Die Warnblinkanlage hatte sich automatisch zugeschaltet, und das Radio dudelte eine orientalische Erkennungsmelodie, dann begannen arabische Nachrichten. Wahrscheinlich werden sie jemanden steinigen – und es ist hoffentlich der Konstrukteur dieses Wagens, dachte Harald.

Es pochte an die Scheibe. Draußen stand ein rotgesichtiger Typ in Lederjacke und starrte in den Wagen. »Du Arschloch, meinst du, das ist hier ein Parkplatz?«, brüllte der Mann, der offenbar in dem Mazda hinter Harald gefahren und nur knapp einem Auffahrunfall entgangen war. Harald hätte gerne das Fenster heruntergekurbelt und etwas Passendes zurückgeschrien, wenn er nur gewusst hätte, wo sich der Schalter für den Fensterheber befand. So musste er hilflos mit den Schultern zucken und den Burschen grimmig anstarren, was der aber offenbar für eine weitere Provokation hielt und jetzt noch unflätigere Dinge brüllte. Harald wartete lieber, bis der Choleriker zu seinem Wagen zurücklief und mit Dauerhupe an ihm vorbeifuhr, dann öffnete er die Fahrertür, wobei er fast einen gerade überholenden Motorradfahrer umriss, rannte um den Wagen herum, entdeckte in der offenen Klappe einen roten Knopf, nach dessen Betätigung die Klappe tatsächlich wieder herunterfuhr und mit einem leisen Zischen in die Halterung gesaugt wurde. Um ihn herum heulten die Motoren der Fahrzeuge, die diese Störung umfahren mussten. Ein LKW-Fahrer brüllte aus seiner Fahrerkabine: »Darf's vielleicht noch ein Kaffee sein, oder was?« Geduckt rannte Harald zum Fahrersitz zurück. Aus den Augenwinkeln stellte er fest, dass er einen Stau von mindestens einem Kilometer Länge verursacht hatte. »Nichts wie weg«, schoss es ihm durch den Kopf, und er trat aufs Gas.

Nichts geschah. Harald atmete tief durch. »Ok«, rief er.

»Was ist jetzt?« Es hupte wieder. Harald hätte losheulen können, aber das wäre zum einen sehr unmännlich und zum anderen wohl auch nicht hilfreich gewesen. Hinter diesem neuerlichen Problem konnte doch nur die bösartige Sonne stecken, und da lag Harald völlig richtig, denn genau in diesem Moment schaltete sich das Fahrerinformationssystem wieder zu, was immerhin eine auf Arabisch vorgetragene Heavy-Metal-Variante von »Yesterday« unterbrach.

»Sie erhalten nun die Auswertung der Tagesstatistik«, sagte das System. »Sie sind 2,7 Kilometer gefahren mit einer Durchschnittsgeschwindigkeit von 38 Stundenkilometern ...«

»Weiter«, schrie Harald und drehte wie ein Verrückter am Motorschlüssel, ohne eine Wirkung zu erzielen. Es half alles nichts. Während es um ihn herum hupte, spulte drinnen das System nutzlose Informationen ab. Harald erfuhr, wie oft er links beziehungsweise rechts geblinkt hatte, das durchschnittliche Insassengewicht (102 Kilogramm, wie er verärgert zur Kenntnis nahm), den absoluten, den durchschnittlichen und den leider nicht erzielten, idealen Benzinverbrauch.

»Wünschen Sie einen Ausdruck dieser Daten?«, fragte das System.

»Nein«, flüsterte Harald tonlos, nicht einmal mehr verwundert, dass diese sprechende Technikhölle auch drucken konnte.

Es pochte erneut an die Scheibe. »Ach, du mich auch ...«, fuhr Harald hoch. Dann blickte er in ein Gesicht mit sehr kurzgeschorenen Haaren und sehr schlechter Laune. Neben seinem Wagen stand nämlich ein bullig wirkender Streifenpolizist. Im Rückspiegel entdeckte Harald den hinter ihm stehenden zugehörigen Streifenwagen. Ihm rutschte das Herz in die Hose, nervös öffnete er die Tür, die dem Polizisten vor die Knie schlug.

»Mensch, zulassen hier auf der Straße«, befahl der Vierschrötige.

»Ich find aber den Fensterschalter nicht«, wimmerte Harald durch den offenen Türschlitz.

»Sie sind verpflichtet, sich vor Fahrtantritt mit den technischen Einrichtungen Ihres Wagens vertraut zu machen«, bellte der Polizist. »Oder ist das etwa gar nicht Ihr Auto? Warum stehen Sie hier mitten auf der Fahrbahn? Führerschein und Fahrzeugpapiere!«

»Die Kofferraumklappe ging auf«, startete Harald den aussichtslosen Versuch einer Entschuldigung.

»Aha, nicht korrekt verriegelt. Fahrlässig also ...«, schnalzte der Beamte zurück. »Jetzt machen Sie mal ein bisschen dalli.«

Harald nestelte an seinem Jackett herum, zog die Brieftasche heraus und fingerte nach seinem Führerschein.

»Machen Sie mal die Musik leiser, ist ja fürchterlich, das Gedudel«, verlangte der Polizist, »was ist das überhaupt für ein Zeug?« Er schaute Harald noch misstrauischer an. Harald steckte den Führerschein durch den Türschlitz und gab zerknirscht zu, dass er auch den Lautstärkeregler nicht fand. »In der Mitte vom Lenkrad«, sagte der Polizist beiläufig, während er verkniffen Haralds Fahrerlaubnis studierte. Jetzt sah Harald endlich die beiden Funktionstasten und drückte gierig das Minuszeichen. Endlich Ruhe! Unbewegt sah ihn der Polizist an: »Mein Schwager hat auch so einen. Völlig überdreht das Teil. Aber andere Farbe ... Wo sind die Fahrzeugpapiere?«

Ja, wo waren die Fahrzeugpapiere? Harald schwitzte. In seinem – berechtigten – Ärger hatte er diesem Hanswurst von Autoverkäufer natürlich nur mit halbem Ohr zugehört. Der hatte irgendwas ...

»Wo sind nun die Papiere?«, blaffte der Polizeibeamte immer ungeduldiger. »Hören Sie, das hier ist alles äußerst verdächtig. Sie stehen mitten auf der Fahrbahn einer Bundesautobahn, kennen sich offenkundig mit dem Fahrzeug nicht aus und hören Talibanmusik. Wenn Sie nicht augenblicklich Ihre Papiere vorzeigen, werde ich Sie zur Wache mitnehmen, das Fahrzeug abschleppen lassen und den Vorgang gründlich überprüfen.«

Haralds Hemd war inzwischen klitschnass. Mit immer größerer Panik sah er sich im Innenraum des Epremos um, da fiel sein Blick auf das große Handschuhfach vor dem Beifahrersitz. Das Handschuhfach! »Die liegen im Handschuhfach.« Das hatte Bertram gesagt! Harald drückte auf den Öffner. »Binng.«

»Nein. Bitte nicht ...«, schoss es durch Haralds Kopf, doch das System war unerbittlich. »Bitte geben Sie den neunstelligen alphanumerischen Code zum Öffnen der Ablage ein«, ertönte seine Lieblingsstimme. Harald warf einen kurzen Blick auf sein Spiegelbild im falsch eingestellten Innenraumspiegel, der sich übrigens von Hand nicht bewegen ließ. Blutunterlaufene Augen blickten ihn aus einem starren, bleichen Gesicht an. Dann begann Harald auf das Handschuhfach einzuprügeln, aus dem Augenwinkel sah er, dass der Polizist seine Waffe gezogen hatte.

Alle Welt beklagt, dass es kaum noch Produkte gibt, die in guter, deutscher Wertarbeit hergestellt werden. Doch manchmal hat die in Asien produzierte Billigware auch ihr Gutes: Das Handschuhfach sprang unter dem Ansturm von Haralds Fäusten einfach auf. Harald zog die innen liegende schwarze Mappe heraus, warf sie dem Polizisten vor die Füße und lehnte sich ermattet im Fahrersitz zurück. So endete die Jungfernfahrt doch halbwegs glimpflich, sieht man einmal von den beiden 120 Euro teuren Verwarnungen wegen »schweren Eingriffs in den Straßenverkehr« sowie »Ruhestörung« ab.

Wissenstest

Sind Sie für eine Allgemeine
Verkehrskontrolle gerüstet?

FRAGE 1:

Es ist Freitagnacht, 1.30 Uhr, und Sie bringen einen Bekannten nach Hause. Seine Wohnung liegt in einer ruhigen Einbahnstraße, rechts und links parken Autos, Ihr Wagen passt gerade so durch die Gasse. Sie halten vor der Haustür, lassen den Freund aussteigen, in diesem Augenblick nähert sich von hinten ein Wagen. Sie fahren schnell weiter, doch obwohl das Fahrzeug, das sich gleich darauf als Zivilstreife outet, nicht einmal bremsen musste, halten die Beamten Sie an der nächsten Kreuzung an. Was wirft man Ihnen vor?

a) allgemeine nächtliche Ruhestörung
b) Missachtung der Mindestdurchfahrbreite einer Straße
c) fehlendes Warndreieck

Antwort: b) ist richtig (5 Punkte), denn wie die Beamten Ihnen erläutern, muss auf einer Straße auch nachts immer Platz für mindestens ein vorbeifahrendes Auto bleiben. Und wo kämen wir denn hin, wenn plötzlich alle 457 000 Einwohner dieser Stadt auf den Gedanken kämen, nachts in dieser Anliegerstraße anzuhalten, hmm? Dieser zwingenden Logik kann man sich wohl kaum unterziehen. Aber auch die Antworten **a)** und **c)** sind bei Allgemeinen Verkehrskontrollen eigentlich immer richtig. Die Beamten werden daher auch in diesem Fall das Verwarngeld nochmals deutlich erhöhen (deshalb zusätzlich je 2 Punkte).

FRAGE 2:

Sie befahren an einem frühen Sonntagmorgen eine vierspurige Innenstadtstraße und bemerken plötzlich, dass Sie eigentlich in die entgegengesetzte Richtung müssten. Weder im Rückspiegel noch bis zur dritten Kreuzung vor Ihnen können Sie auch nur ein einziges Fahrzeug oder gar einen Fußgänger ausmachen. Sie wenden schnell und fahren dabei versehentlich über die durchgezogene Mittellinie, die allerdings drei Meter vor Ihnen wieder unterbrochen wird. Keine 30 Sekunden später werden Sie von einer hinter der nahen Bushaltestelle lauernden Zivilstreife gestoppt. Wie viel müssen Sie bezahlen?

a) Nichts. Die Beamten belassen es bei einer mündlichen Verwarnung und drücken angesichts des unbedeutenden Abstands zur unterbrochenen Linie beide Augen zu
b) 40 Euro wegen Überfahrens einer durchgezogenen Linie
c) 20 Euro wegen des fehlenden Warndreiecks

Antwort: 80 Euro. Zunächst mal ist natürlich Antwort **b)** richtig (5 Punkte), oder hätten die Pharisäer etwa ein Auge zugedrückt? Na bitte! Allerdings begehen Sie nun aus Wut den Fehler, die Beamten darauf hinzuweisen, dass ihr Verhalten mehr als kleinlich wäre. Diese bestreiten das hochmütig und wollen nunmehr »routinemäßig« Ihr Warndreieck sehen, welches Sie leider im Eifer des Gefechts nicht finden. Pech! Also zusätzlich 20 Euro ... (Antwort **c)**, 2 Punkte). Nachdem Sie jetzt leider immer noch nichts gelernt haben und unter Tränen die Polizisten der Willkür bezichtigen, nehmen diese auch noch die Kontrolle der Aids-Handschuhe im Verbandskasten vor. Zunächst glauben Sie jetzt an einen Etappensieg, denn Sie wissen, wo Ihr Kasten ist, und Sie können sogar triumphierend die Handschuhe daraus hervorziehen. Leider nehmen die Polizeibeamten das Zubehör genau unter die Lupe. Und siehe da: Das Haltbarkeitsdatum der Handschuhe ist abgelaufen. Tja, macht nochmals 20 Euro.

FRAGE 3:
Sie sind auf der Fahrt zum Flughafen, und durch diverse Umstände ist Ihre Zeit sehr knapp. An einer roten Linksabbieger-Ampel wird Ihr Tatendrang jäh gestoppt. Nach fünf Minuten stellen Sie fest, dass sowohl alle Fahrtrichtungen als auch die vor Ihnen passierenden Fußgänger allesamt bereits dreimal grün hatten, während Sie immer noch vor dem Rotlicht warten. Welches Verhalten ist nun angezeigt?

a) Ich fahre vorsichtig mit Warnblinklicht und unter äußerster Rücksichtnahme auf tatsächliche oder vermeintliche Fußgänger über die rote Ampel und versuche, den Flieger doch noch zu bekommen

b) Ich rufe die Polizei über 110 und erbitte Instruktionen

c) Ich drehe um und fahre einen anderen Weg, auch wenn ich damit ganz sicher den Flieger verpasse.

Antwort: Keine Antwort ist richtig (je 0 Punkte), denn alle drei Verhaltensweisen führen zu sehr kostenpflichtigen Verwarnungen. Bei Möglichkeit **a)** wird verständlicherweise sofort die hinter einem Stromkasten lauernde Polizeistreife aktiv und bestraft Sie wegen Überfahrens einer roten Ampel (1 Punkt und 1 Sonderpunkt in Flensburg sowie 180 Euro bar ohne Quittung). Daran ändert auch Ihr schwerer Verdacht nichts, dass es da zwischen besagtem Stromkasten, dem Schraubenzieher in der Hand von Polizeimeister Walter Krickel und dem überaus seltsamen technischen Verhalten dieser Ampel irgendeinen vagen Zusammenhang geben könnte.

Bei **b)** wird man Sie umgehend wegen missbräuchlicher Nutzung des Notrufs belangen (60 Euro) und Ihnen zusätzlich einen Strick aus der Tatsache drehen, dass Sie für diesen Anruf Ihr Handy benutzen mussten, was selbst im Stehen, aber mit laufendem Motor, verboten ist (60 Euro und 1 Punkt in Flensburg). Am teuersten jedoch kommt Alternative **c)**. Kaum haben Sie gewendet, ist Ihnen auch schon die Streife vom Stromkasten auf den Fersen. Ihr Vergehen besteht nun darin, dass Sie beim Wenden eine durchgezogene Linie überfahren haben, was lediglich 40 Euro ausmacht. Hinzu kommen jedoch das fehlende Warndreieck (20 Euro) sowie die daraufhin folgende schwere Beamtenbeleidigung (200 Euro).

FRAGE 4:
Welches Auto ist nicht mehr verkehrssicher und muss daher umgehend kostenpflichtig stillgelegt werden?

a) Der nagelneue Mercedes CLK in silbermetallic Lackierung und mit »Sylt-Silhouette«-Aufkleber

b) Der acht Jahre alte grüne Skoda mit »Ein Herz für Kinder«-Aufkleber

c) Der rosafarbene Renault-Kastenwagen unbestimmten Alters mit »Atomkraft? Nein Danke!«-Aufkleber

Antwort: Natürlich ist es der Kastenwagen aus **c)** (5 Punkte). Wer ein solches Auto durch den Straßenverkehr bewegt, ist selbst schuld, dass er im Schnitt alle 2,2 Stunden in eine »Allgemeine Verkehrskontrolle« gerät.

Das war ja einfach. Richtig sind aber unter gewissen Umständen auch die Antworten **a)** und **b)**. »Gewisse Umstände« treten etwa dann ein, wenn der Fahrer des Skodas glaubt, während des Kontrollvorgangs eine launige Bemerkung machen zu müssen, wie z. B. »ach wie blöd, gerade heute habe ich doch die Leiche im Kofferraum«. Darauf folgt sofort eine penible Durchsuchung des Fahrzeuges, die jeder DDR-Grenzkontrolle zur Ehre gereicht hätte. Und nachdem diese erwartungsgemäß zu keinem Ergebnis führt und nicht einmal die Überprüfung von Warndreieck, Verbandkasten und Aids-Handschuhen irgendwelche Verstöße gegen die Straßenverkehrsordnung ergeben, stellt sich überraschend heraus, dass der Wagen »nach Augenschein« offenkundig verkehrsuntüchtig ist und daher sofort stillgelegt werden muss.

Und auch ein nagelneuer Mercedes kann überraschenderweise ganz plötzlich schwerste Sicherheitsmängel aufweisen. Nämlich dann, wenn Polizeiobermeister Gerd Pommsel gerade lässig dem gelackten Mercedes-Fahrer im Italo-Look die Fahrzeugpapiere zurückgibt und in genau diesem Moment feststellt, dass die blonde Beifahrerin, die sich die ganze Zeit auffällig wegduckt, SEINE Ehefrau ist (jeweils 2 Punkte).

AUSWERTUNG:

0 – 10 Punkte
Sie sind eine glatte Verkehrskontrollen-Niete und begehen einen Anfängerfehler nach dem anderen. Vor allem glauben Sie aber tatsächlich noch an die Heuchelei aus dem »7. Sinn«, die Polizei sei Ihr »Freund und Helfer«. Da helfen keine Pillen, sondern nur viel Geld. Sie sollten daher entweder reich heiraten, den Jackpot im Lotto manipulieren und/oder auf harmlosere Fortbewegungsmittel wie ein Bobbycar umsteigen.

11 – 20 Punkte
Ok, die ersten Lektionen haben Sie gelernt. Bei der Kontrolle sagen Sie nur das Nötigste. Warndreieck, Verbandkasten und

ASU-Bescheinigung liegen griffbereit, Hinweise der Beamten werden mit einem höflichen »Jawohl, Herr Wachtmeister« beantwortet. Werden Sie gebeten, den Wagen zum Zwecke einer Alkoholkontrolle zu verlassen, knallen Sie ungefragt die Hacken zusammen – und haben selbstredend kein Mikrogramm Alkohol im Körper. Aber Vorsicht: In Ihrem perfekten Verhalten liegt auch der Keim des Scheiterns. Denn wenn Sie alles richtig machen, woraus sollen dann die Polizeibeamten ihre Befriedigung ziehen?

Mehr als 20 Punkte
Eigentlich ist dieses Ergebnis von einem Normalautofahrer nicht zu schaffen. Ergo: Sie sind entweder Verkehrsanwalt oder selber Polizist.

Harald ordnet die Welt
Warum es auf Autobahnen 14 verschiedene Autofahrertypen gibt

Dienstagmorgen, 10.26 Uhr. Harald Grützner ist unterwegs nach Wuppertal, wo er einen neuen Kunden besuchen soll. Tatort: Die A1 von Lübeck in Richtung Hamburg, dreispuriger Abschnitt. Harald pfeift nichtsahnend einen seiner Lieblingssongs mit, wobei er wie immer dank seines miserablen Schulenglischs keinen blassen Schimmer hat, worum es in dem Lied geht. Die Sängerin kennt er auch nicht. Gerade fährt er auf der Mittelspur an einem Bierlaster vorbei, als er vor sich diesen grasgrünen VW-Polo sieht, der mit kaum 90 Stundenkilometern auf der mittleren Spur schlingert. Links vorbei geht es leider nicht, weil dort eine ununterbrochene Kette aus Porsche Boxsters, 5er BMWs und Mercedes CLKs in atemberaubender Geschwindigkeit vorbeizieht. Harald muss voll in die Eisen steigen und beginnt lauthals zu fluchen – da sieht er die Ursache des Übels. Er ist auf einen der berüchtigten Mittelspurfahrer gestoßen beziehungsweise die besondere Form dieser Spezies, das **Mittelspurrudel.** Es handelt sich in aller Regel um drei bis sechs Frauen zwischen 25 und 45 Jahren, die sich auf einem Ausflug befinden und das Autofahren nur als lästige Nebenbeschäftigung betreiben.

Harald sieht vor seinem inneren Auge das Innenleben dieses Wagens. Das ein oder andere »Piccolööööschen« wurde bereits geleert, nun ist man gerade dabei, die verschiedenen Kolleginnen und Kollegen der gemeinsamen Arbeitsstelle und deren schlimmste Macken zu zertratschen. »Also die Nadine, ne, wie die morgens immer ins Büro kommt, ne, also das geht ja gaaar nisch«, sagt die Beifahrerin unter heftigem Nicken der übrigen Damen. »Ist die nicht jetzt mit dem Jens aus der Buchhaltung zusammen?«, fragt »Hintenlinks«, eine etwas dralle Mitzwanzigerin mit schwarz-lila Haar-Extensions und kunstvoll bemalten Fingernägeln, die sie ununterbrochen anstarrt und befingert. »Nee, wirklisch, der ist doch voll fies«, ruft die Fahrerin – und angesichts dieser aufregenden Neuigkeiten kann man nun wirklich nicht erwarten, dass sie sich auch noch auf den Verkehr konzentrieren soll. Sicherheitshalber schaltet sie in den dritten Gang und verlangsamt auf 80. Rechts zieht der Brauereilaster wieder vorbei, mit Dauerhupe, aber das bekommen die vier Damen nicht mit, weil die Beifahrerin gerade das Radio bis zum Anschlag aufgedreht hat, nicht ohne zuvor »Huuuuuuuh, das ist voll geil« zu schreien. Während ihre drei Mitfahrerinnen im Rhythmus die Köpfe bewegen, schlingert der Wagen bedenklich nach links, woraufhin ein panisch ausweichender Volvo fast in die Leitplanke rast. Die Fahrweise der Dame ist allerdings nicht weiter verwunderlich, bedenkt man einmal, welche Leistung sie gerade vollbringt: In der linken Hand eine Zigarette, die rechte Hand wandert permanent zwischen Lenkrad, Schalthebel und Radio hin und her. Gerade startet Harald seinen dritten, leider erneut erfolglosen Versuch, das lustige Quartett zu überholen, da greift die Fahrerin zu ihrem Handy und beginnt, die anderen Mädels über die Schulter zu fotografieren, die das irrsinnig komisch finden. »Wir fahren Auto«, brüllt aufgekratzt »Hintenrechts«, die mit bürgerlichem Namen Natascha Behrendt heißt und in der Beschwerdeabteilung einer privaten Krankenversicherung arbeitet. Die Mädels kichern wie irre, während die Fahrerin Katja Kindler nun zu allem Überfluss auch noch in ihrer Handtasche wühlt, weil sie ein Foto von Rico (»der ist ja soooo süß«) sucht.

Doch Frauen sind ja multitaskingfähig, weswegen Harald trotz des erneut schlingernden Fahrzeuges links noch eine 2,20 Meter schmale Gasse bleibt, durch die er nassgeschwitzt und wild schimpfend nun endlich an dem feucht-fröhlichen Quartett vorbeifährt, um dieses schleunigst hinter sich zu bringen. Seine Empörung hält nicht lange vor, denn Harald ist das Auftreten dieser Spezies eigentlich gewöhnt. Er rechnet sogar auf jeder längeren Fahrt mit dem Auftauchen eines Mittelspurrudels. Es ist nämlich so: In seiner Schulzeit hat Harald im Chemieunterricht immer die pompöse Wandkarte mit der Darstellung des Periodensystems der Elemente bewundert. Jedes Element hat einen Namen, eine Formel und eine feste Zuordnung. Diese kosmische Ordnung, da ist sich Harald sicher, findet sich auch in allen anderen Lebensbereichen wieder. Deshalb entstammen die vielen Verkehrsteilnehmer, die ihm sein Dasein auf der Autobahn vergällen, eben auch festen Kategorien, in die man sie einordnen kann. Nach den Hunderttausenden im Laufe der Jahre von ihm erfolgreich bewältigten Autobahnkilometern meint Harald nun, diese innere Ordnung vollständig durchschaut zu haben. Nach seiner Auffassung gibt es auf deutschen Autobahnen nicht weniger als 14 Arten und Unterarten von Autofahrern, denen er inzwischen die geeigneten Bezeichnungen verpasst hat. Harald träumt manchmal davon, so wie einst Alexander von Humboldt sein Weltbeschreibungswerk »Kosmos« veröffentlichte, eines Tages die vollständige »Dokumentation der Autobahnvollnerver« (über den Titel will er angesichts der historischen Messlatte noch einmal nachdenken) herauszugeben. In Gedanken hat er bereits wesentliche Teile fertiggestellt. Auszüge:

Einer der größten und auch anteilsmäßig häufigsten Übeltäter zwischen Greifswald und Bodensee ist der **Imletztenmomentrauszieher.** Er tritt immer dann auf, wenn sich im alltäglichen Verkehrskollaps doch einmal die sprichwörtliche Wolkendecke öffnet und ein Autobahnabschnitt mit einem Mal gut und schnell befahrbar wäre. Und während Harald gerade links auf 160 beschleunigt, zieht plötzlich ohne jede Vorwarnung (und natürlich ohne zu blinken) ein schäbiger Hundefängerwagen (wahlweise auch ein Golf D oder ein Fiat Uno) auf die linke Spur und fährt gemächlich an dem nach Haralds gefühlter Schätzung mindestens noch fünf Kilometer entfernten Truck vorbei.

Die verschärfte Variante (meist ein VW Passat älterer Bauart oder gar ein VW Bora) ist der **Blinkerlinkssetzer.** Man muss ihn verstehen, denn er handelt streng nach Vorschrift. Zwar ist der Vorschriftenerteiler in der Regel längst tot, denn das war der Fahrlehrer, der diesen Autofahrer vor circa 40 Jahren ausbildete. Dennoch lebt sein Geist weiter: »Fahrtrichtungsanzeiger links setzen, Seitenspiegel, Rückspiegel, Fahrbahnwechsel ...«, schnarrt es im Kopf dieses wandelnden Verkehrsrisikos, das leider im Laufe der Jahre nicht verstanden hat, dass die schematischen Anweisungen von damals nur eine allererste Gehhilfe für picklige Premierenfahrer waren, die dann aber mit Einfühlungsvermögen und vorausschauendem Handeln umzusetzen sind. Stattdessen ist er fest überzeugt, dass sich aus dem »Setzen« des Blinkers bereits umfassende Hoheitsrechte für die Benutzung der linken Fahrspur ableiten. Der nachrückende Verkehr hat daher gefälligst zu bremsen oder sich in Luft aufzulösen, wenn sich der »Setzer« nun ruckartig und ohne jede Rücksicht auf etwa mit doppelter Geschwindigkeit herannahende Fahrzeuge nach links bewegt.

Mit dem Blinkerlinkssetzer verwandt, aber nicht identisch ist der **Präventivblinker**. Er ist nämlich nicht hundertprozentig überzeugt, was die Werthaltigkeit seiner Ansprüche angeht, daher meldet er sie lieber frühzeitig an, indem er seinen Blinker benutzt, obwohl er hinter einem Laster festhängt und sich links der wutschnaubende, leider aber auch stark verunsicherte Harald nähert, der nun unfreiwillig zum Präventivbremser wird, da es ihm bis heute nicht gelungen ist, die beiden Arten sauber auseinanderzuhalten.

Ganz im Gegensatz hierzu steht eine Gruppe extrem defensiver Fahrer, die Harald unter dem Sammelbegriff »Angsthasen« zusammenfasst. Der **Angsthase erster Ordnung** zum Beispiel fährt circa zehn bis 15 Stundenkilometer schneller als das von ihm notgedrungen zu überholende Wohnmobil aus Holland, das rechts mit 70 die leichte Steigung hinaufkeucht. Besonders heimisch ist dieser Angsthase auf sechsspurigen Autobahnen, die zufällig auch das Hauptverbreitungsgebiet holländischer Wohnwagen sind. Holländische

Wohnwagen meiden aus noch nicht vollständig geklärten Gründen die rechte Spur und halten sich lieber in der Mitte einer solchen Autobahn auf. Harald vermutet einen Zusammenhang mit der Sonneneinstrahlung, ist sich jedoch nicht sicher. Auf jeden Fall führt das Zusammenkommen dieser beiden Typen zu kilometerlangen Kolonnen, denn auf Steigungsabschnitten und dazu noch auf der als sehr gefährlich eingeschätzten linken Spur ist auch der Angsthase I nicht besonders mutig.

Übertroffen wird er jedoch vom **Angsthasen zweiter Ordnung**. Dieser Geselle fährt unabhängig vom vorausfahrenden Verkehr immer (wirklich immer!) rechts, was ihn zu einer beliebten Nachhut von Gülletransportern, Traktoren und holländischen Wohnwagen macht. Dafür taucht er gerne in »optimaler« Höhe auf. Die »Optimalhöhe« ist eine Stelle kurz vor der von Harald angesteuerten Ausfahrt und dem blasenbedingt herbeigesehnten Autobahnparkplatz. Genau an dieser Stelle wird es bereits kritisch mit dem Überholen, andererseits sind es von hier noch viele hundert Meter, die man nun hinter dem Angsthasen herschleichen müsste. Und keine Frage: Harald überholt, was bei ihm dann regelmäßig schweißtreibende Schrecksekunden auslöst, verbunden mit der bangen Frage, wie schwerwiegend das Rammen eines Ausfahrtschildes ist und ob sein Wagen eigentlich Seitenairbags hat. Fährt der Angsthase II gerade nicht an solchen Stellen vorbei, provoziert er stattdessen skurrile Überholmanöver (Gülletransporter überholt Trecker, Trecker überholt holländischen Wohnwagen, Sattelschlepper überholt Gülletransporter …).

Für den **Angsthasen dritter Ordnung** schließlich ist bereits das Auffahren auf die Autobahn ein echter Thrill. Denn was passiert, so fragt er sich besorgt, wenn man es bis zum Ende des Beschleunigungsstreifens nicht schafft, sich in den fließenden Verkehr der rechten Spur einzufädeln? Nach seiner festen Überzeugung werden Verkehrsteilnehmer, die am Ende dieser Spur nicht »drin« sind und jetzt ein Stück Standstreifen fahren müssten, von einer allmächtigen Verkehrsüberwachung sofort eliminiert – oder Schlimmeres. In keinem Fall kann es der Angsthase III daher riskieren, auch nur einen Nanometer über die Endlinie zu fahren und dort am Ende gar die Standspur zu benutzen, bis er es mit seinen 50 oder maximal 60 Stundenkilometern endlich geschafft hat, sich hinter dem nächsten Gülletransporter einzuordnen. Da er zudem vermutet, dass die ominöse Verkehrsüberwachung bereits Hunderte Meter vor dem tatsächlichen Ende der Linie zuschlägt, hat er sich zwei entgegengesetzte Strategien zurechtgelegt. Manchmal fährt er bereits am Anfang des Beschleunigungsstreifens mit 20 bis 30 Stundenkilometern ruckartig auf den rechten Fahrstreifen (für seinen Blinker hat dieser Angsthasentypus dann wirklich keinen Kopf). Dies führt zwangsläufig dazu, dass sich die nachfolgenden Gülletransporter oder aber auch an dieser Stelle gerne eingreifende Blinkerlinkssetzer ebenfalls ruckartig weiter nach links bewegen. Die Blinkerlinkssetzer machen ohnehin gerne »rechts frei«, das haben sie ebenfalls in ihrer 50er-Jahre-Fahrschule gelernt. Dafür fahren sie nun links mit 80, das ist die Fahrspur, auf der sich in diesem Moment meist Harald mit etwa 180 Stundenkilometern nähert.

Die gegengesetzte Strategie wird immer dann eingesetzt,

wenn sich Harald nicht auf der Autobahn befindet, sondern vielmehr auf diese gerade auffahren will. Vor ihm fährt der zu diesem Zeitpunkt noch verdeckt operierende Angsthase III, der zunächst beherzt Gas gibt, den dann jedoch auf der Mitte des Beschleunigungsstreifens aller Mut verlässt. Nun bremst er überraschend und bleibt einfach stehen. Das ist hässlich, weil der Auffahrende meist am Unfall schuld ist.

Aus einem ganz anderen Holz ist der **Präzisionstachometerbenutzer** geschnitzt. Er fährt durchaus mal schnell (wenn's passt), hält sich jedoch, sobald in der weiten Ferne auch nur die Silhouette eines Geschwindigkeitsbeschränkungsschildes vermutet werden kann, sklavisch an die zu diesem Zeitpunkt noch geschätzte, später jedoch mit Gewissheit erspähte Höchstgeschwindigkeit. Natürlich ist das nicht ehrenrührig. Die meisten Menschen halten sich mehr oder weniger an Vorschriften. Der Präzisionstachometerbenutzer jedoch hat früher einmal beim Eichamt gearbeitet oder ist von Beruf Apotheker. Jedenfalls ist er der festen Überzeugung, dass ein »120«-Schild auch 120 bedeutet. Nicht etwa 121 oder gar 122. Eher schon 119, besser 117, denn so ein Tachometer könnte ja ein bisschen zu wenig anzeigen, da ist es vorteilhaft, man geht auf Nummer sicher – und das auf der linken Spur, zur Freude und vor allem zum Schutz der Mitfahrer, die vielleicht die Begrenzung übersehen haben oder gar keinen Präzisionsgeschwindigkeitsmesser besitzen und daher für diese wertvolle Hilfe bestimmt sehr, sehr dankbar sind.

Sein Bruder im Geiste ist der **Kurzsichtige**. Auch er hält nichts von – auch nur geringfügigen – Geschwindigkeitsübertretungen. Leider gesellt sich zu dieser lobenswerten Prinzipien-strenge eine selektive Fehlsichtigkeit, die sich im sehnerv-bedingten Ausblenden der kleinen Zusatzschilder unter den Geschwindigkeitsbegrenzungen äußert. Deshalb fährt der Kurzsichtige im Hochsommer bei 32 Grad Celsius und auf dem Höhepunkt einer historischen Trockenperiode – links – mit 78 Stundenkilometern, obwohl unter dem 80er-Zeichen deutlich »bei Nässe« steht. Auch die Beschilderung »Lärm-schutz / 8-18h« übersieht er abends geflissentlich. Schließ-lich macht so ein Auto doch auch nach sechs Uhr noch Krach.

Im krassen Widerspruch zu diesen liebenswerten Zeitgenos-sen steht eine Gruppe sehr ungeduldiger Fahrer, denen Ha-rald trotz seiner durchaus offensiven und auf Maximalbe-schleunigung ausgerichteten Fahrweise irgendwie im Weg ist. Der Prototyp der Nervösen ist das **aggressive Nervenbündel**, meist der Fahrer eines aufgemotzten 3er BMWs oder einer Mercedes M-Klasse. Harald stört ihn, egal wo, wann und wie er ihn trifft. Harald stört ihn, wenn er den bulgarischen Fischlaster mit 180 überholt. Schließlich, so findet das Ner-venbündel, könnte man an dieser Stelle doch auch 210 fah-ren. Harald stört ihn, wenn er sich in einer 60er-Baustelle erdreistet, die linke, extrem verengte Spur mit lediglich 97 Stundenkilometern zu versperren. Und er stört ihn, wenn er in einer kilometerlangen Kolonne im Feierabendverkehr den Luftraum vor dem Nervenbündel durch seine bloße An-wesenheit beeinträchtigt. Das Nervenbündel greift dann zu einer ausgefeilten Folge von Lichthupe, Hupe, Blinker und diversen Handzeichen, während es immer dichter auffährt. »Entschuldigung, soll ich gleich hier zerplatzen, oder kann ich damit noch warten?«, pflegt Harald dann wütend zu rufen, was das Nervenbündel aber natürlich nicht hören kann. Harald fragt sich, was diese Typen eigentlich von ihm erwarten. Vermutlich, dass er aus dem Dach seines Wagens einen Propeller ausfährt und dann nach oben ausweicht, damit der von ihm so niederträchtig behinderte Nachfolger unten durch rasen kann, um dann allerdings acht bis neun Meter weiter auf den nächsten Wagen zu stoßen, der hier ebenfalls unberechtigterweise die Autobahn benutzt.

Der große Bruder des Nervenbündels gibt sich mit solchen kleingeistigen Typen wie Harald erst gar nicht ab. Wozu hier im schönsten Freitagnachmittagstau teure Hupkraft verschwenden, fragt sich der **Rechtsvorbeizieher**. Schließlich erhöht das permanente Betätigen der Hupe und der Lichthupe den Benzinverbrauch. Der Vorbeizieher braucht das nicht. Er zieht eben nach rechts, wie es ihm seine Bestimmung auferlegt, notfalls auch auf den Standstreifen, und rast dann röhrend an Harald vorbei. Meist übrigens mit überschaubarem Ergebnis, denn 20 Meter weiter ist dann auch die rechte Spur völlig dicht. Doch es sind die kleinen Erfolge, die im täglichen Kampf auf der Autobahn zählen.

So ähnlich denkt auch der **Rechtsfahrpädagoge**. Ihm geht es jedoch nicht so sehr um sein eigenes Fortkommen, für ihn geht es um das große Ganze. Als Jugendlicher machte er bei den Pfadfindern mit, heute ist er zweiter Schriftführer im örtlichen Tierschutzverein. Und wenn jeder mitmachen würde, so denkt er, dann könnte unsere Welt viel besser sein, jeden Tag ein kleines Stück. Auf der Autobahn leistet er hierzu seinen bescheidenen Beitrag, indem er allen zeigt, dass durch konsequentes Rechtsfahren Staus und zähfließender Verkehr vermieden werden könnten. Wenn der Verkehrspädagoge überholt, könnte man ihn zunächst mit dem Blinkerlinkssetzer verwechseln, zumindest fährt er ganz nah an den vorausfahrenden Gülletransporter heran, um dann im letzten Moment nach links zu blinken und im selben Moment herauszuziehen. Es geht ihm aber ausschließlich darum zu zeigen, dass man möglichst wenig die linke Spur benutzen sollte. Also fährt der Pädagoge mit demonstrativem Schulterblick und feierlich rechts gesetztem Blinker direkt hinter dem Gülletransporter wieder auf die richtige, die rechte Spur. Nicht beachtet hat der Mann hier allerdings den nur wenige Meter vor dem Gülletransporter herschleichenden Angsthasen, und das nun noch in Kombination mit dem urplötzlich von hinten links heranrasenden Nervenbündel. Weswegen der Rechtsfahrpädagoge nun eine Vollbremsung vollführen muss, was den Gülletransporter ebenfalls zur Radikalbremsung zwingt. Der schlingert nach links, wird dort von einem Audi A8 gestreift, die beiden nachfolgenden weiteren Angsthasen fahren auf – und schon gibt es eine herrliche Massenkarambolage, von der ausgerechnet als Einziger, so will es das Schicksal, der Rechtsfahrpädagoge verschont bleibt. »Siehst du, das kommt, weil alle immer links fahren«, belehrt er seine kreidebleiche Ehefrau und setzt dann mit strengem Blick durch die Hornbrille seine Reise fort, während er im Rückspiegel die Blaulichter zucken sieht.

Überhaupt keinem Lager zuzurechnen ist der **flexible Quälgeist**. Er ändert nämlich sein Fahrverhalten in Abhängigkeit zu seiner relativen Fahrposition. Befindet er sich etwa hinter Haralds Auto auf der linken Spur, so beginnt er alsbald zu drängeln. Nicht ganz so aufdringlich wie die Nervensäge, also nicht offiziell mit Blinker und Lichthupe. Aber er fährt immer wieder dicht heran, lässt den Motor aufheulen, fällt dann endlich ein Stück zurück, fährt jedoch dann erneut heran und so weiter ... Ist Harald endlich an der Kolonne aus litauischen Lastwagen und Ford-Mondeo-Fahrern vorbei, überholt ihn der Flexible pfeilschnell und setzt sich rechts vor ihn. Nun ändert sich allerdings schlagartig sein Fahrverhalten. War er gerade noch eine ernst zu nehmende Konkurrenz für die Nervensäge, mutiert er nun zum schlimmsten aller Angsthasen, der immer langsamer fährt, bis Harald bei 85 Stundenkilometern schließlich der Geduldsfaden reißt und er wütend schimpfend nach links zieht. Das wiederum ist das Signal für das Verkehrschamäleon, sich augenblicklich wieder hinter Harald zu positionieren und nervös an seiner Stoßstange herumzuhängen. An schlimmen Tagen kann sich so ein Vorgang bis zu vierzig Mal wiederholen. Harald tippt auf die Unterirdischen als Ursache.

Ein Abkömmling des Flexiblen ist der **Synchronfahrer**. Der hat zwar keine Nasenklammern, ansonsten aber doch sehr viel gemeinsam mit seinen olympischen Schwestern. Ebenso wie die nassen Grinsemädels kann er wie durch ein Wunder das Bewegungsverhalten seines Nachbarn perfekt imitieren. Auf Autobahnen geht das so: Harald nähert sich einer 120er-Beschränkung und bremst sportlich auf 139 Stundenkilometer herunter. Weiter vor ihm fährt auf der rechten Spur ein kleiner gelber Hyundai, der sich offenkundig sehr genau an die Geschwindigkeitsbeschränkung hält. Ein Präzisions-tachometerbenutzer? Weit gefehlt! Es ist ein Synchronfahrer. Nähert sich Harald dem hinteren Kotflügel, dann beginnt der Synchrone sein anmutiges Spiel. Langsam beschleunigt er auf Haralds Fahrtgeschwindigkeit, so dass spätestens bei Erreichen des Seitenspiegels beide Wagen in perfekter Harmonie nebeneinander fahren. Die einzige, aber dafür umso lästigere Störung kommt von dem im Rückspiegel aufgetauchten, wild nach links und rechts schwankenden Porsche Cayenne, der sich einen feuchten Dreck um die 120er-Zeichen kümmert.

Harald sagt sich, dass angesichts der Gesamtsituation eine noch weitere Übertretung des Tempolimits für kurze Zeit wohl gerechtfertigt sein sollte, und beschleunigt langsam auf 150, doch: Heißa! Im wogenden Reigen des Autobahnverkehrs nimmt der Synchronfahrer diese spielerische Herausforderung an und beschleunigt nun ebenfalls auf 150, keinen Zentimeter Unterschied zwischen den beiden Außenspiegeln zulassend. Leicht schwitzend beschließt Harald, dieses sinnlose Duell aufzugeben und verlangsamt, ohne weiter auf den nun dauerlichthupenden Cayenne zu achten. Leider macht der Synchrone auch hierbei nur allzu gerne mit und verlangsamt ebenfalls schrittweise auf 110 – natürlich mit einem gekünstelten Lächeln in die imaginären Kameras. Dem Cayenne-Fahrer platzt jetzt endgültig der Kragen, er zieht scharf rüber auf den Standstreifen und röhrt rechts an dem Synchronduo vorbei, nicht ohne eine Folge ordinärer Fingerzeichen zu machen, für die er von seiner italienischen Mama bestimmt mehrere Ohrfeigen kassiert hätte. Haralds Problem ist damit jedoch keineswegs gelöst. Er kann den lästigen Synchronfahrer nur abschütteln, wenn es ihm gelingt, ihn hinter einen holländischen Wohnwagen zu manövrieren und dann unter Missachtung aller Verkehrsregeln abzuhängen. Allerdings wird der Synchrone dann spätestens nach der nächsten Baustelle oder Pinkelpause wie ein Untoter wieder auftauchen und sein Spiel von neuem beginnen. Daher hilft es letztlich nur, darauf zu hoffen, dass der Kerl irgendwann abfährt, was leider erst in Flensburg der Fall sein wird. Ein schwacher Trost, wenn man sich gerade in Höhe Würzburg befindet.

Ride and park
Warum es nirgendwo Parkplätze gibt, und vor allem nicht in Köln

Dome Fall City, Mittlerer Westen der USA, wir schreiben das Jahr 1877. Harry C. Gretzner ist von einem tagelangen Ritt durch die Rhinewater Mountains zurückgekehrt. Staubbedeckt reitet er sein treues Pferd Lucy durch die White Valley Road bis vor den einzigen Saloon in der kleinen, verschlafenen Minenstadt. Vor der Eingangstür springt Harry ab, bindet Lucy an das Geländer, grüßt lässig den auf der Veranda dösenden Mexikaner und betritt dann breitbeinig den Saloon, wo er bei seinem alten Freund Joe den ersten Whiskey des Tages ordert. »Ja, ja«, werden Sie jetzt sagen, »die gute alte Zeit …« Damals hieß das System tatsächlich noch Ride and park. Einreiten, Pferd vor die Tür gestellt und fertig.

Die Cowboys von damals gibt es längst nicht mehr, doch hat ihr Geist überlebt, in den Köpfen der Handelsvertreter, die von Stadt zu Stadt ziehen, um die Menschheit mit komplizierter Computersoftware, nutzlosen Beratungsdienstleistungen oder überteuerter Edelschokolade zu beglücken. Spätestens beim Erreichen ihres Ziels stoßen sie allerdings auf einen kleinen, jedoch wesentlichen Unterschied zur Western-Romantik …

Nur noch 37 Kilometer bis zum Ziel zeigte das Display des Navigationssystems. Harald schaute gut gelaunt auf die Uhr.

Noch fast zwei Stunden blieben ihm bis zu seinem Termin mit dem Geschäftsführer einer rheinisch-westfälischen Kaffeehauskette, mit dem er für 14 Uhr in der Kölner Innenstadt verabredet war. »In Köln musst du Zeit einplanen«, hatte ihm allerdings vor einigen Tagen ein Kollege bei einem Bier geraten. »Unübersichtlich, die Stadt. Und kaum Parkplätze …« Nun ja, das hatte sich Harald zu Herzen genommen und war entgegen seiner sonstigen Gewohnheiten mehr als eine Stunde früher losgefahren. Er würde einen Parkplatz suchen, in aller Ruhe einen Cappuccino trinken, seine Lieblingszeitung lesen und dann entspannt einen Großabschluss mit dem Herrn tätigen. Während Harald fröhlich pfeifend über die Rheinbrücke in die Stadt einfuhr, rechnete er sich seine üppige Provision aus und ging in Gedanken durch, was er davon alles würde kaufen können. »Nach fünfhundert Metern rechts abbiegen«, meldete sich das Navigationssystem. Harald verlangsamte etwas, ordnete sich hinter einem Paketdienstlaster ein und spähte nach rechts, um die Einmündung nicht zu verpassen. »Jetzt rechts«, mahnte das System. Harald blinkte, doch dann sah er die rot-weißen Absperrzäune und ein großes Baustellenschild mit der Aufschrift »Hier modernisiert die Stadt Köln den Innenstadtring«. Das ging ja schon wieder gut los, dachte Harald und beglückwünschte sich, dass er noch eine Stunde und 42 Minuten Zeit bis zum Termin hatte.

Die nächste Straße rechts war eine nicht befahrbare Einbahnstraße, die übernächste eine Fußgängerzone. Das Navigationssystem zeigte eine Eieruhr und den Schriftzug »Calc Rte«, was bedeutete, dass Harald augenblicklich völlig orientierungslos war. Hinter ihm hupte der Fahrer einer rotbraunen Mercedes A-Klasse, weil Harald ihm offenbar zu langsam fuhr. »Ja, ja, Idiot«, murmelte Harald, schaute etwas genervt auf die Sanduhr, gab Gas und sah sich unvermittelt auf eine Gabelung zufahren. Geradeaus ging es in einen Tunnel, rechts eine leichte Steigung hinauf. Harald entschied sich in Ermangelung eines elektronischen Ratschlags für den Tunnel und hätte sich sogleich ohrfeigen können, weil dieser hundert Meter weiter eine scharfe Linksbiegung machte und ganz offenkundig vom Ziel wegführte. »Wenn möglich, bitte wenden«, schnarrte nun das System, was angesichts einer nackten Tunnelwand zur Linken ein echt schlechter Tipp war, wie Harald fand. Zu allem Übel staute sich jetzt noch der Verkehr im Tunnel. »Ich habe Zeit«, sagte Harald sich selbst und zu seinem Puls. Das System begann wieder zu rechnen und forderte danach erneut eine abrupte Wendung. Langsam fuhr der Verkehr vor ihm wieder an, mit Schrittgeschwindigkeit folgte Harald. Eineinhalb Stunden vor dem Termin verließ er mit jetzt nicht mehr so guter Laune den Tunnel, um gleich darauf festzustellen, dass die von ihm befahrene Straße geradewegs und ohne Ausfahrtmöglichkeit über den Rhein führte. Drüben angekommen beschloss er, sich rechts zu halten und über die nächste Rheinbrücke wieder zurück in die Innenstadt zu fahren. Er würde sich dann dem anvisierten Viertel von der anderen Seite nähern und dabei nicht erneut in die angebliche Modernisierung geraten.

Zu seiner Verwunderung ging der Plan sogar auf, beim erneuten Einfahren in die Innenstadt über einige verschlungene Umleitungen verkürzte sich der Abstand zum eingegebenen Ziel auf gerade mal 900 Meter. Noch eine Stunde und

19 Minuten bis zum Termin. Es war Zeit, die Parkplatzsuche zu beginnen. Harald schaute aufmerksam aus dem Fenster und fuhr langsam an den parkenden Fahrzeugen vorbei. Hinter ihm hupte erneut eine A-Klasse. »Sind die lästig«, ging es ihm durch den Kopf, als der Wagen mit quietschenden Reifen an ihm vorbeifuhr. Harald hatte sich seinem Ziel nun auf 300 Meter genähert. Von einer Parklücke allerdings war nichts zu sehen. Stoßstange an Stoßstange parkten die Fahrzeuge. »Wie sind die da überhaupt reingekommen?«, fragte sich Harald. Die meisten Wagen standen so eng aneinander, dass sie selbst bei geschicktestem Manövrieren nicht hätten herausbewegt werden können. »Die müssten eigentlich mit einem Kran aus den Lücken geholt werden«, überlegte Harald und vermutete dann, dass sie wahrscheinlich auch mit einem Kran hineingestellt worden waren.

Das half ihm natürlich hier alles nichts. »Sie haben Ihr Ziel erreicht«, verkündete das Navigationssystem feierlich. Harald fuhr gerade an dem blau-weißen Gebäude vorbei, in welchem in 72 Minuten sein Termin stattfinden würde. Gut, das war verglichen mit dem Gros seiner geschäftlichen und privaten Verabredungen ein wirklich luxuriöser Zustand. Haralds Wagen entfernte sich nun wieder vom Zielgebäude. Von einem Parkplatz keine Spur. Einmal glaubte er, eine Parklücke entdeckt zu haben, doch es war nur eine verdeckte Einfahrt mit drei überdimensionierten Schildern, die Falschparkern eine fürchterliche Bestrafung androhten. Drei Straßen weiter wurde Harald erneut in die Irre geführt, er hatte schon den Blinker gesetzt, als er das blaue Schild mit dem Rollstuhl erblickte. Nur wenige Meter weiter stand ein Mann mit einer Krücke, der Harald hasserfüllt anstarrte und sogleich sein Handy zückte. Harald hob entschuldigend die Arme und sah zu, dass er aus dieser Seitenstraße hinauskam. Er war nun doch schon wieder 700 Meter von dem blauweißen Haus entfernt, und das Bordsystem zeigte genau 13 Uhr an. Den Cappuccino konnte er vielleicht abhaken, aber ein Kaffeehausbetreiber würde ja bestimmt zu dem Gespräch einen guten Espresso oder Ähnliches reichen. Harald beschloss, systematisch vorzugehen und auch Sackgassen und Einbahnstraßen in die Parkplatzsuche einzubeziehen, Straßen also, die vielleicht vom Durchschnittssuchenden gemieden werden und daher Überraschungstreffer erbringen könnten. Um 13.14 Uhr musste Harald sich eingestehen, dass diese Idee ziemlich blöd gewesen war. Er stand vor einer Einfahrt am Ende einer Sackgasse, in die von hinten leider ein Reinigungsfahrzeug eingefahren war. Die gab es also auch hier. Haralds gute Laune war endgültig verflogen. Mühsam wendete er seinen sperrigen Epremo und begann dann gegen den Reinigungswagen an zu hupen, was um 20 nach eins auch Erfolg hatte.

Wie hatte es nur dazu kommen können, dass er sich aus der Pole Position in diese schmähliche Niederlage manövriert hatte?

Das Parkplatzproblem in Köln war offenbar doch größer als von seinem Kollegen angedeutet, und Harald war der Lösung keinen Schritt näher. Ein Blick auf die Armbanduhr machte ihm klar, dass sein Termin in 29 Minuten beginnen würde. So kam er nicht weiter. »Es hat keinen Zweck, ich brauche ein Parkhaus«, sagte ihm eine innere Stimme. Harald blickte um sich herum. Die Idee war an sich gut, die

Umsetzung allerdings blieb noch im Dunkeln. Harald war sich relativ sicher, während seiner Odyssee durch dieses Viertel kein Parkhausschild gesehen zu haben. Langsam setzte er den Wagen wieder in Bewegung und dachte angestrengt nach. An einer Kreuzung stand eine ältere Dame. Harald bremste und senkte sein Fenster. »Entschuldigen Sie, gibt es hier irgendwo so ein Haus?«, rief Harald. »Ein … na«, vor lauter Aufregung fiel ihm das Wort nicht ein. »So ein …Verkehrshaus.« Die Frau starrte ihn angewidert an, schüttelte dann energisch den Kopf und lief schnurstracks die Straße hinunter. »Parkhaus meinte ich«, stammelte Harald, doch die Dame war schon verschwunden.

Haralds Blick fiel auf das Display des Navigationssystems. Moment mal, da gab es doch diese Funktion mit den Sonderzielen. Aufgeregt aktivierte Harald die Navigation und wählte hintereinander »Zieleingabe«, »Positionsumgebung«, »Sonderziele auswählen« und schließlich »Parkhäuser«. Hinter ihm hupte es wieder lautstark. Harald brauchte sich gar nicht umzusehen, um festzustellen, dass es sich mal wieder um eine A-Klasse handelte. Ohne sich irritieren zu lassen, drückte er »Ziel aktivieren« und hätte die Navigationssprecherin küssen können, als sie ihm nach kurzer Wartezeit meldete, das »Hiltruden-Parkhaus« sei nur 700 Meter entfernt. 700 Meter weiter, nach einem Slalom um mehrere Stadtrundfahrtbusse, Dönerfleischlieferanten und sonstige Zweitereiheparkern herum, hatte sich seine Begeisterung schon deutlich abgekühlt. Und das »Hiltruden-Parkhaus« war heute selbstverständlich »wegen dringender Renovierungsarbeiten« geschlossen. Nicht besser erging es ihm beim »Stadtparkhaus«, wo ihm ein grellrot leuchtendes

»Besetzt«-Zeichen entgegenblinkte. Die »H & Q Qualscheuer Parksystem GbR« dagegen hätte ihn aufgenommen, leider gelang es ihm trotz zweier großzügiger Umrundungen des Quartiers nicht, die Einfahrt zu entdecken.

Schließlich gelangte Harald an das »St.-Georg-Parkheim«. Misstrauisch lugte er zu dem Gebäude hinüber, inzwischen hatte er eigentlich jede Hoffnung begraben, seinen Termin heute noch wahrnehmen zu können. »Frei«, behauptete die grüne Wechselanzeige unter dem blauen »P«-Zeichen. Harald lenkte den Epremo in die Einfahrt, drückte den Knopf an der Schranke, erhielt einen gelben Coin und fuhr in das Parkhaus hinein. »Ich bin so ein Trottel, das hätte ich sofort machen sollen«, schalt er sich, denn direkt vor ihm sah er gleich drei freie Parkplätze. Er entschied sich für den rechten, parkte ein, sprang aus seinem Sitz, schloss die Tür und wollte gerade mit großen Schritten Richtung Ausgang spurten, da zupfte jemand an seinem Ärmel.

»Das meinen Sie ja wohl nicht ernst«, sagte eine schneidende Stimme. Neben ihm hatte sich eine blond gelockte Frau undefinierbaren Alters aufgebaut. Sie trug eine schlecht sitzende Jeans und eine lilagrüne Regenjacke. Unfreundliche graue Augen starrten Harald durch eine rot umrandete Plastikbrille an. »Haben Sie keine Augen im Kopf«, brüllte die Frau los.

»Wieso, äh, habe ich Sie denn zugeparkt, oder …?«, stammelte Harald, der immer noch keine Ahnung hatte, worum es eigentlich ging.

»Das sind FRAUENPARKPLÄTZE«, kreischte die Blonde schrill.

Harald zuckte zusammen. Ein fahriger Blick auf die Armbanduhr sagte ihm, dass es inzwischen 13.47 Uhr war. »Hören Sie, es tut mir wirklich sehr, sehr leid, aber ich habe da ein Riesenproblem«, sagte Harald. Er trat unwillkürlich einen Schritt auf die Frau zu und machte eine beschwichtigende Handbewegung. Das heißt, er wollte beschwichtigend wirken, doch die Frau wich erschreckt zurück und begann nun mit sich überschlagender Stimme loszuschreien: »Bleiben Sie da stehen, fassen Sie mich ja nicht an. Hilfeeeee!!!« Sie zog etwas aus ihrer Regenjacke. Haralds Augen weiteten sich, da hatte sie den Gegenstand auch schon an ihren Mund geführt. Ein ohrenbetäubendes Pfeifen setzte ein, es handelte sich um eine Trillerpfeife. »Die ist ja komplett irre«, schoss es Harald durch den Kopf. Er ging langsam rückwärts, bis er mit dem Rücken vor seinen Wagen stieß. »Ich nehme jetzt meinen Autoschlüssel hier und setze mich in den Wagen«, schrie er in Richtung der Blonden und winkte angespannt lächelnd mit seinem Schlüsselbund. »Und dann fahre ich weg!« Das sollte deeskalierend wirken, erreichte jedoch leider genau das Gegenteil. »Ihr Dreckschweine, überall lauert ihr uns auf«, brüllte die Frau nun mit dunkelrot angelaufenem Gesicht und zog ein Pfefferspray. »Das macht euch an, wenn wir vor Angst zittern. Ihr Typen seid doch einfach nur eklig …«

»Nichts wie weg hier«, dachte Harald entsetzt, sprang in seinen Wagen und verriegelte augenblicklich die Türen. Jetzt, wo das Gebrülle lediglich gedämpft zu hören war, wirkte die Frau eher lächerlich mit ihrer Kunstlocke und der bescheuerten Regenjacke. Die Riesenaugen hinter der roten Brillenfassung taten ein Übriges. Entschlossen gab Harald Gas und fuhr an der Durchgeknallten vorbei, die noch mit ihrer Einkaufstasche auf seinen Seitenflügel einschlug, dann aber glücklicherweise aus dem Sichtfeld verschwand.

Schnell nahm Harald die nächste Auffahrt und gelangte über eine Serpentine in das darüber liegende Geschoss. Ab hier begannen offenbar die »normalen« Parkplätze, verbunden mit einem digitalen Wegweiser, der rot leuchtete und Harald in Kenntnis setzte, dass auf diesem Stockwerk sämtliche Parkbuchten besetzt waren. Unter »freie Plätze« stand eine »2«, was wohl bedeutete, dass es irgendwo in diesem Parkhaus noch zwei Parkplätze geben musste. Aber auch im nächsten und im übernächsten Geschoss sah es nicht besser aus. Auf der vierten Parkebene setzte sich ein 7er BMW vor Harald, der aber natürlich auch nichts fand. Hintereinander kreisten die beiden Wagen durch die Serpentinen. Auf der letzten, der achten Ebene schließlich war die Digitalanzeige grün. Hier musste jetzt irgendetwas sein. Der BMW und Haralds Epremo fuhren über das Dach des Parkhauses – und tatsächlich, am Ende des Decks waren zwei nebeneinander liegende Buchten frei. »Ende gut, alles gut«, sagte sich Harald, der während der gemeinsamen Durchquerung des Parkdschungels zu dem anderen Wagen schon eine gewisse Vertrautheit entwickelt hatte. Da war es doch nur gerecht, dass nun die beiden Leidensgenossen, die eine gemeinsame schwere Zeit miteinander verbracht hatten, am Ziel der Reise nun auch beide belohnt wurden …

Noch während er den Gedanken nicht ganz zu Ende gebracht hatte, traute Harald seinen Augen nicht. Der Fahrer des BMWs lenkte seinen dicken Schlitten in die Mitte der beiden Parkbuchten, offenbar so, dass er zu beiden Seiten genügend Abstand hatte, damit niemand seiner Nachbarn den kostbaren Speziallack zerkratzen konnte. Unter norma-len Umständen hätte man das vielleicht akzeptieren können, aber nicht in einem bis an den Rand gefüllten Parkhaus. Was zu viel war, war zu viel. Harald stoppte, sprang aus dem Wa-gen und rief zu dem Mann, der gerade seinen Wagen verließ: »He Sie, parken Sie ordentlich ein, ich will in die rechte Lü-cke!« Der BMW-Fahrer, ein graumelierter Endvierziger mit piekfeinem Anzug, schaute Harald kurz mit ausdruckslosen, kalten Augen an. Unmerklich schüttelte er den Kopf und ging dann schnellen Schrittes zum Ausgang. Harald konn-te diesen Abgrund an Arroganz kurze Zeit gar nicht fassen, dann brüllte er los: »Du miese Ratte, komm zurück, wenn du ein Mann bist, ich schlag dir sonst den Wagen kurz und klein …«

Vergebens: Der Graumelierte war verschwunden und mit ihm jede Hoffnung auf den letzten Parkplatz. Harald schnappte nach Luft. Die Parkaufsicht, Polizei, Stadtverwal-tung, Ordnungsamt, der Sicherheitsrat – irgendjemand muss-te ihm doch helfen, aber es hatte alles keinen Sinn. Harald gestand sich ein, dass er verloren hatte, und setzte sich wut-schnaubend auf seinen Fahrersitz. Er atmete tief und resig-niert durch, dann fuhr er mit versteinerter Miene die acht Ser-pentinen wieder abwärts, wobei er sich aufgrund schlechter Ausschilderung mehrfach verfuhr. Einen freien Parkplatz sah er jedoch auch auf diesen Umwegen nicht. Schließlich stand er vor der Ausfahrtsschranke und warf den gelben Coin ein.

Was Harald nicht bedacht hatte, war, dass er sich jetzt bereits länger als eine Viertelstunde in dem Parkhaus be-fand und er damit zu einem kostenpflichtigen Parker gewor-den war. Darauf wies ihn nun dezent das Display der Ausfahrtschranke hin, das von ihm eine »gültige Parkmarke« verlangte. Harald stöhnte auf und sah sich um. Es wunderte ihn kein bisschen, dass ausgerechnet jetzt drei Fahrzeuge hinter ihm anhielten. Er machte eine Winkbewegung zu seinem Nachfolger, der das jedoch mit einem wilden Hupkonzert beantwortete. Es war auch sinnlos, weil das nachfolgende Auto wiederum durch ein nachfolgendes blockiert wurde. Die Fahrspur war hier kurz vor der Ausfahrt eher eine enge Fahrrinne, man konnte daher den Wagen nicht mal seitlich abstellen. Harald hievte sich aus seinem Fahrzeug und schaute ratlos umher, das laute Hupen und die aus den Fenstern gezischten Verwünschungen ignorierend. Ganz am anderen Ende des Decks stand der Kassenautomat.

Harald rannte los. Als er das Gerät keuchend erreichte, schob sich gerade ein Rentnerehepaar vor ihn. »Entschuldigen Sie«, hechelte er, »ich stehe da vor der Schranke, und hinter mir ist eine Riesenschlange.«

»Das ist nicht zu überhören, junger Mann«, tadelte ihn die dürre Rentnerin, die eine kleine Eulenbrille und einen strengen Dutt trug und mit ihrer Bemerkung wohl auf das nicht verstummen wollende Dauerhupen anspielte. »Das kommt davon, wenn man schlauer sein will als die anderen. Wie rücksichtslos von Ihnen«, sagte ihr Mann. Er drehte sich ohne weiter zu diskutieren um und holte umständlich seine Brieftasche hervor. »Hast du nicht so eine Bonuskarte?«, fragte die Dame. »Ja, warte, ich schaue mal nach«, antwortete der Mann und begann in der Geldbörse zu kramen. Harald schäumte vor Wut. Jetzt fiel dem Rentner zu allem Übel auch noch der Inhalt seiner Brieftasche auf den Boden. Harald schaute den Mann ausdruckslos an. »Nun helfen Sie doch mal, Sie Flegel, hat Ihnen Ihre Mutter denn keine Manieren beigebracht?«, keifte die Frau. Ihre Brille hüpfte vor Empörung auf und ab. Kopfschüttelnd bückte sich Harald und begann die Münzen und Papiere aufzusammeln. »Und wehe, Sie nehmen etwas weg«, setzte sie nach. Nach einigen Minuten war Harald endlich dran. »8,50 Euro« zeigte das Display. »Das kann doch nicht sein«, flüsterte Harald. »Ich war doch keine halbe Stunde hier drin.«

Heiße Wutgefühle stiegen in ihm auf, er trat vor den Automaten, da fiel sein Blick auf die Überwachungskamera. Auch das Rentnerehepaar war auf dem Weg zu seinem grünen Skoda stehengeblieben und schaute sich um. Harald duckte sich und sah den Aufkleber. »8,50 Euro für die erste, 1,50 Euro für jede weitere angefangene Stunde«, war da zu lesen. Harald warf wütend Münzen in das Gerät und wollte eigentlich nur noch nach Hause. Bei 8,40 Euro waren seine Münzen komplett aufgebraucht. Sein weiterer Zahlungsmittelvorrat beschränkte sich nunmehr auf einen einzelnen Einhundert-Euroschein, den ihm blöderweise vorgestern ein Bankautomat angedreht hatte. Das Gerät nahm die Stückelungen 5, 10, 20 und 50 Euro. Harald drehte sich um. In diesem Moment trat ein extrem übergewichtiger Mann aus einer Verbindungstür und ging auf den Automaten zu.

»Können Sie wechseln?«, fragte Harald den Voluminösen.

»Sie sind bestimmt der 20. heute, bin ich eigentlich die Sparkasse, oder was?«, brummelte der Mann ungehalten. Aber nach einem Blick in Haralds zerfurchtes Gesicht wurde er etwas milder: »Na, geben Sie schon her.« Harald reichte ihm den Hunderter. Der Dicke schaute ihn an. Einige Sekunden standen sich die Männer wortlos gegenüber, dann reichte ihm der Mann den Schein ohne das Gesicht zu verziehen zurück. »Verscheißern kann ich mich selbst«, brummte er. Harald keuchte. »Haben Sie vielleicht zehn Cent übrig?«, flüsterte er – inzwischen ohne Hoffnung.

»Na klar, für die Zugfahrt nach Hause, weil Sie Ihre Brieftasche vergessen haben. Oh Mann, selbst hier unten lungert ihr Typen rum. Jetzt gehen Sie zur Seite, sonst rufe ich die Polizei.«

Harald schaute den schwitzenden Dicken an, ihm lagen Hunderte von Widerworten auf der Zunge, unter anderem, dass solche Typen doch niemals im Besitz eines Hundert-Euroscheins wären, doch ihm dämmerte, dass er damit auch nicht weiterkommen würde.

Er ließ den Mann stehen, rannte ins Treppenhaus und ging in den Vorraum des Parkhauses. Überall roch es nach abgestandenem Bier und Urin. Seine Armbanduhr traute sich Harald schon gar nicht mehr anzusehen. Die Parkhausaufsicht war auch gegangen oder hielt in einem Hinterzimmer einen Mittagsschlaf. Jedenfalls reagierte auf sein Klopfen niemand. Harald trat auf die Straße und begann in den umliegenden Geschäften nach einer Wechselgelegenheit zu fragen. Nachdem er in einem Schreibwarengeschäft und einer Pizzeria abgewiesen wurde, hatte er schließlich in einem asiatischen Imbiss Erfolg, obwohl er sich nicht ganz sicher war, ob es sich bei den beiden Fünfzigern, die ihm eine Köchin in die Hand drückte, um echtes Geld handelte. Harald hastete zurück zu dem Kassenautomaten und steckte erneut seinen Coin in den Schlitz. Das Gerät zeigte immer noch »8,50 Euro« an. Triumphierend steckte Harald einen der Fünfziger in den Einzug. Nach lediglich sechs Versuchen akzeptierte das Gerät den Schein. Einen Moment lang passierte nichts, dann blinkten alle Anzeigen, und im Ausgabefach klimperte es. »Jackpot«, fuhr es Harald durch den Kopf, als er das Elend erblickte. Der Automat hatte beschlossen, ihm die 41,50 Euro Wechselgeld in Ein-Euro- und 50-Cent-Stücken zurückzugeben. Harald raffte fluchend seinen »Gewinn« zusammen, steckte die ganzen Münzen in seine Hosentasche, weil sie nicht mehr ins Portemonnaie passten, und rannte dann wieder quer über das Parkdeck.

Als er zurück zu seinem Auto kam, standen in der Schlange hinter ihm inzwischen mindestens ein Dutzend Wagen. Die Stimmung war entsprechend mies. Der Fahrer des Wagens unmittelbar hinter ihm, ein kahlköpfiger Mann, der ein kariertes Hemd und eine schwarze Lederjacke trug, wedelte mit seinem Handy. »Polizei ist verständigt«, bellte er Harald an.

»Die müssen erst mal hier reinkommen«, kläffte Harald zurück und beschloss, sich nicht weiter provozieren zu lassen, sagte dann aber doch: »Hören Sie, ich wollte hier parken, aber es war nichts frei, und dann sollte ich bezahlen, obwohl ich gar nicht geparkt hatte und …« Im Hintergrund erklang wieder das Hupkonzert. Der Mann mit dem karierten Hemd hatte seine Arme verschränkt. Harald merkte, dass es keinen Sinn hatte, weitere Erläuterungen abzugeben. Er schwang sich auf seinen Fahrersitz und wollte nach dem Coin in seiner Hosentasche greifen. Da klimperten aber leider auch die fünfzig Geldstücke aus dem Automaten herum. Er wühlte wild in der Tasche, bekam jedoch den Coin nicht zu fassen. »Oh Mann«, entfuhr es Harald. »Was ein

Irrsinn!« Er öffnete die Tür und stieg erneut aus. Hinter ihm heulten wie auf Kommando die Hupen auf. Harald winkte ab. Jetzt im Stehen konnte er besser in die Tasche greifen, und tatsächlich bekam er die Plastikscheibe zu fassen. Der Mann hinter ihm brüllte etwas von seiner Rechtsschutzversicherung und dass er ihn in einem Jahrhundertprozess fertigmachen würde.

Mit zitternden Händen bewegte Harald den Chip auf den Einwurfschlitz zu, da passierte es: Eine Mücke flog in Haralds Gesicht, er zuckte zusammen und verlor den Coin, der zu Boden fiel und die Ausfahrtrinne entlangrollte. Unter dem Wagen des Karierten blieb sie liegen. Die Hupen waren unerträglich. Harald grinste dämlich in die amorphe Masse der hinter ihm Stehenden und kniete sich vor dem Fahrzeug des Karierten hin. Die Plastikmünze lag an einer Position mittig unter dem Bodenblech. Harald streckte den Arm aus. Erfolglos. Er rutschte auf Knien noch ein bisschen näher an den Wagen heran, doch es half alles nichts, die Münze war etwa 20 Zentimeter von der ausgestreckten Hand entfernt. Aus seiner Hosentasche klimperten 50-Cent-Stücke heraus und rollten der Parkmünze hinterher. Etwas rieb an seinem Ärmel. Harald rutschte ein Stück zurück und sah in grüne, freundliche Augen. Neben den Karierten hatte sich ein älterer Herr mit schneeweißem Haar und Hunderten von Lachfältchen geschoben, der Harald mit einer Mischung aus Humor und Mitleid ansah. In der Hand hielt er einen langstieligen Schneekratzer.

»Das ist heute nicht mein Tag«, murmelte Harald.

»Kann doch jedem mal passieren«, meinte der Mann mit sanfter Stimme und schaute streng den Karierten an.

»Das mit der Polizei habe ich nur so gesagt«, nuschelte der mit verschränkten Armen.

»Nun sehen Sie mal zu, dass wir hier alle wegkommen«, meinte der Weißhaarige mit sonorer Stimme, und Harald kroch wieder unter den Wagen, erreichte nun mit dem Kratzer die Plastikscheibe und konnte sie zu sich herziehen. Verschwitzt stand er auf. Sein Anzug war in Unordnung geraten, sein Hemd zerknittert, an seinen Knien hatten sich dunkle Flecken aus Öl und Schmutz gebildet. Die Hupen waren verstimmt. Harald steckte den Coin in den Schlitz und warf einen letzten Blick in die Runde. Die Schranke öffnete sich. Im Hintergrund meinte er leises Klatschen zu hören. Er setzte sich hinters Lenkrad, atmete tief durch und fuhr dann aus der Garage heraus.

Die Bilanz des Tages sah bislang eher durchwachsen aus. Trotz zwei Stunden Zeitpuffers war er nun doch zu spät, hatte zudem Hemd und Anzug ruiniert. Und ein Parkplatz war trotz allem weiterhin nicht in Sicht. Er überlegte kurz, ob er einen erneuten Vorstoß ins Parkhaus unternehmen sollte, schließlich waren ja jetzt eine Reihe von Plätzen frei geworden, verwarf den Gedanken aber schnell, als er die Schlange vor der Einfahrt sah. Wichtig war, jetzt erst einmal seine Gesprächspartner über die Verspätung zu informieren. Harald überlegte, wo er die Nummer hatte. Die stand in seinem Organizer, der lag in seiner Tasche, die lag im Kofferraum. Harald schaute in den Rückspiegel. Hier anzuhalten wäre blanker Wahnsinn. Dann vielleicht über die Auskunft. Während er sich ohne rechtes Ziel in den Verkehr einfädelte, wählte Harald über die Freisprechanlage die Nummer eines ihm bekannten Telefonunternehmens.

»Danke, dass Sie sich für uns entschieden haben, mein Name ist Sandra Küppers, was kann ich für Sie tun?«, meldete sich eine freundlich-routinierte Stimme.

»Grützner. Ich brauche die Nummer von Pützens & Beckers in Köln.«

»Sehr gerne, ich schaue nach, Herr Grützner. Ja, Pützens und Beckers, Kaffeehausbetriebe. Da haben wir die Zentrale, den Einkauf, die Pforte, ein Fax und drei Servicenummern. Oder möchten Sie den aktuellen Radiotrailer des Unternehmens hören, für nur 14 Cent aus dem Festnetz oder 26 Cent aus allen Mobilfunknetzen?«

»Nein«, antwortete Harald.

»Was nein?«, fragte Sandra Küppers.

»Nein, ich will das alles nicht.«

»Warum rufen Sie dann an?«

»Weil ich die Nummer will«, flüsterte Harald. Konnte eigentlich irgendetwas einmal reibungsfrei funktionieren?

»Welche Nummer denn?«, wollte Sandra wissen. »Die Zentrale, den Einkauf, die Pforte, das Fax oder eine von den drei Servicenummern?«

»Geben Sie mir die Zentrale.«

»Gerne«, flötete Sandra, »wohin soll ich das Fax schicken?«

»Welches Fax?«, wisperte Harald.

»Ach, herrje, ich habe ja ganz vergessen, Sie zu fragen, wie Sie die Nummer haben wollen«, entschuldigte sich die Agentin. »Also: Möchten Sie die Nummer als Fax, als kostenfreie SMS, als E-Mail oder per Einschreiben?«

»Können Sie mich nicht einfach verbinden?«, fragte Harald.

»Doch natürlich!« Sandras Stimme überschlug sich fast. »Ich kann Sie natürlich mit Ihrem gewünschten Gesprächsteilnehmer verbinden. Das macht 49 Cent pro Minute im Festnetz. Mobilfunktarife können abweichen.«

»Um wie viel zum Beispiel?«, erkundigte sich Harald, der nach dem Kassenautomatenerlebnis misstrauisch geworden war.

»Oh, oh, ... das hat noch nie jemand gefragt«, stammelte Sandra. »Und nun ausgerechnet bei einer Kölner Nummer.«

»Was ist denn das Besondere an einer Kölner Nummer?«, wollte Harald wissen.

»Eigentlich ja nichts«, gestand die Telefonfrau. »Aber ich komme doch aus Köln, deshalb ...«

»Schicken Sie endlich diese SMS. Ganz wunderbar, diese Stadt!«, ätzte Harald.

»Ja, das finde ich auch! Die beste Stadt der Welt.« Sandra strahlte geradezu durch den Hörer.

»Im Universum!!«, erwiderte Harald, nun mit unverhohlenem Sarkasmus.

»Gefällt Ihnen Köln etwa nicht?«, fragte Sandra, die jetzt endlich begriff, dass Harald das alles gar nicht ernst meinte. »Was haben Sie denn gegen die Stadt?«

»Och nichts, gar nichts«, antwortete Harald. »Alles ganz toll hier, die bunten Häuser, die freundlichen Menschen, sogar die Haustiere sind nett. Wunderbar, sag ich Ihnen. Wenn es jetzt noch einen Parkplatz gäbe, dann wäre es geradezu perfekt.«

Am anderen Ende der Servicehotline hörte Harald erst gar

nichts mehr und dann ein schweres Atmen. »Sie versuchen da zu parken?«, fragte Sandra mit Grabesstimme.

»Ja, und deshalb benötige ich die Nummer, um denen von Pützens & Beckers mitzuteilen, dass ich eine halbe Stunde später komme«, sagte Harald mit Engelsgeduld.

Sandras Stimme hatte sich inzwischen total verändert. Das Flöten war weg, und ein rheinischer Akzent war unüberhörbar, als sie sagte: »Das heißt: Sie sind jetzt in Köln?«

»Ja.«

»Und Sie haben noch keinen Parkplatz?«

»Nein.«

»Und Sie glauben in einer halben Stunde bei Ihrem Gesprächspartner in Köln zu sein?« »Ja.« Sandra schwieg kurz. Dann sagte sie ganz ruhig: »Ich kenne Sie nicht, aber wir Kölner halten zusammen, notfalls sogar mit Touristen, hihi. Also, wenn Sie auch nur den Hauch einer Chance haben wollen, irgendwann – und da rede ich jetzt nicht von einer halben Stunde – bei diesem Termin erscheinen zu wollen, dann sollten Sie mit John reden.«

»Wer ist John?«, fragte Harald, den diese flammende Rede irgendwie eingeschüchtert hatte.

»John betreibt einen Studentenservice. Vielleicht kann der Ihnen helfen. Sie erhalten die Telefonnummer per SMS.«

Es klickte in der Leitung, dann erschienen auf Haralds Display zwei Telefonnummern, eine mit Smiley. Harald war beunruhigt, denn Sandra hatte ihn zum Schluss nicht einmal über die Mobilfunkkosten der SMS informiert.

Als Erstes rief Harald bei Pützens & Beckers an und sagte, dass er Parkplatzprobleme habe. Die Assistentin der Geschäftsleitung war sehr nett zu ihm. »Wir kennen das, nächstes Mal reisen Sie besser am Vortag an, Herr Grützner«, sagte sie einfühlsam. »Meinen Sie wirklich, dass Sie es heute schaffen?«

»Ich bin doch bei Ihnen um die Ecke«, rief Harald.

»Hmm, das heißt leider gar nichts«, antwortete die Dame.

Der zweite Anruf galt John. »Hallo«, meldete sich eine ausdruckslose Stimme.

»Ist da John?«, fragte Harald hoffnungsfroh.

»Was wollen Sie denn?«, fragte die Stimme, die ihn irgendwie an Darth Vader aus Star Wars erinnerte.

»Ich habe ein Problem, ich fahre hier seit einiger Zeit durch die Altstadt und bekomme einfach keinen Parkplatz. Können Sie mir helfen?«

»Wir treffen uns an der Bushaltestelle Domplatte, in fünf Minuten«, keuchte John Vader oder wer immer dort am Telefon war. »Und bringen Sie die Hundert mit.«

Es klickte in der Leitung. Harald schluckte. Hundert Euro! Und das alles für einen Geheimparkplatz. Er suchte wieder im Navigationsgerät und fand schließlich tatsächlich die angegebene Adresse.

Fünf Minuten später lenkte Harald seinen Epremo auf die Busspur unterhalb des Doms. Nur wenige Augenblicke später klopfte es ans Fenster. Harald sah in die braunen Augen eines Anfang Zwanzigjährigen mit ungekämmten, schulterlangen Haaren. Der extrem magere Mann trug ein verwaschenes T-Shirt und eine hellbraune Cordhose. Harald ließ die Scheibe der Beifahrertür herunter, doch der Langhaarige hatte bereits das Auto umrundet und riss Haralds Tür auf.

»Schnell, Mann, der nächste Bus kommt gleich«, rief er mit seiner heiseren, keuchenden Stimme. »Hast du die Knete?«

»Ja, aber …«, setzte Harald an.

»Wenn die dich hier auf dem Busstreifen packen, dann ist der Lappen weg. Geht ganz schnell«, drängelte der Typ. »Also, was ist jetzt?«

»Ja, setzen Sie sich doch«, empörte sich Harald, »und dann zeigen Sie mir den Weg.« »Wohin denn?«, fragte der Mann. »Ich übernehme den Wagen, und du kannst zu deinem Termin. Hier auf meiner Karte steht die Handynummer, die du anrufst, wenn du fertig bist.«

Einen Moment lang verstand Harald nur Bahnhof, dann dämmerte ihm endlich, für welchen Service er sich entschieden hatte. Na klar! Es gab keine Parkplätze in dieser verdammten Stadt. Also machten Leute wie John ein Geschäft daraus, das Auto einfach immerfort zu bewegen, während Leute wie er ihre Termine wahrnahmen. Aber einhundert Euro! »Hören Sie, mein lieber … naja, wie immer Sie heißen«, begann Harald, da setzte ein vertrautes Hupen ein. Harald blickte entgeistert in den Rückspiegel. Hinter ihm stand ein Gelenkbus der Kölner Verkehrsbetriebe und war bereits halb auf die Wartespur gefahren, am Steuer saß ein erkennbar übellauniger Fahrer.

»Mann, der zeigt dich an, das wird unglaublich teuer«, zischte John. »Entweder du steigst aus, oder du kannst die Sache klemmen.«

»Okay, okay«, beschwichtigte Harald. »Hier ist der Autoschlüssel. Aber ich fürchte, ich habe keine hundert Euro mehr, sondern nur noch 91,50. Tut mir wirklich leid. Aber mir hat auch keiner etwas von diesen Wucherpreisen gesagt.«

John schien einen Moment lang wirklich zu erwägen, in den Weiten des Kölner Stadtverkehrs zu verschwinden, aber dann gab er sich einen Ruck. »Ausnahmsweise, weil du ein Freund von Sandra bist!« Harald wühlte in seiner Tasche und gab John die ganzen Wechselmünzen sowie den Fünfziger aus dem Asia-Grill. Dabei fiel ihm ein, dass ja in dem Parkhaus noch mehrere Geldstücke unter die Autos gerollt waren, aber das würde die Sache jetzt nur verkomplizieren.

Der Busfahrer hatte bereits zu einem Handy gegriffen, es wurde höchste Zeit. Harald schwang sich aus dem Fahrersitz. »Das ist Wahnsinn, du kennst den Mann doch gar nicht«, schoss ihm noch durch den Kopf.

»Ist im Kofferraum genug Folie?«, fragte der Langhaarige, als er den Motor startete. Harald schaute ihn entgeistert an. »Na glaubst du, von dem Scheiß hier kann man leben?«, rief John. »Ich mach nebenbei noch Fahrten für den Großmarkt und den Friedhofsgärtner. Fische, Blumenerde und so …« Dann fuhr er mit Schwung aus der Busspur und verschwand im Gewusel des Kölner Innenstadtverkehrs. Es hupte wieder, denn Harald stand mit offenem Mund mitten auf der Busspur.

Um 15.20 Uhr sah Harald endlich in die rehbraunen Augen der Sekretärin von Pützens & Beckers. Er keuchte und schwitzte, denn nach einem Dauerlauf vom Dom bis zu dem blau-weißen Haus hatte er wegen eines defekten Aufzugs auch noch vier Stockwerke erklimmen müssen. Einem Schild auf dem Tresen entnahm er, dass sein freundlich lächelndes Gegenüber auf den Namen Mandy Zielke hörte. Mandy schaute ihn mitleidig an. »Ach, Herr Grützner, Sie machen ja Sachen. Also ehrlich gesagt, nach Ihrem Anruf haben wir mit Ihnen heute gar nicht mehr gerechnet. Und jetzt ist Herr Beckers schon außer Haus.«

Während die Reh-Augen um Verständnis warben, rang Harald um Fassung. »Das ist nicht …«, setzte er an.

»Nun setzen Sie sich erst mal in Ruhe in den Konferenzraum, ich bringe Ihnen einen Kaffee, und dann sehen wir weiter«, schlug Mandy vor. »Vielleicht kann ja unser Prokurist, Herr Lange, mit Ihnen sprechen.«

Harald fügte sich in sein Schicksal. Die Provision konnte er sich abschminken. Wer immer dieser Lange war, der würde bestimmt keinen Großabschluss tätigen. Harald setzte sich auf den ihm von Mandy augenklimpernd zugewiesenen Stuhl. Er transpirierte fürchterlich, seine Kleidung war zerwühlt, die Schuhe staubbedeckt. Die Anzughose war nicht nur schmutzig, sondern hatte auch ein kleines Loch am Knie abbekommen. Nein, das war nicht sein Tag. Sein einziger Trost war, dass er jetzt auch bedenkenlos den Kaffee verschütten konnte, wie er es leider allzu oft tat, denn sein Lieblingsanzug war eh hin.

Nach einer Viertelstunde brachte Mandy den Kaffee. Beim Hinausgehen sagte sie beiläufig: »Ach, Herr Grützner, da möchte Sie so ein junger Mann sprechen. Soll ich ihn hereinschicken?«

Harald stockte der Atem, da stand auch schon John in dem Raum. »Was …?«, setzte Harald an.

»Nun reg dich ab, Alter«, unterbrach ihn der Langhaarige gleich zu Beginn. »Nur es ist halt so … ich habe da ein Angebot hereinbekommen.«

Harald starrte den Mann an: »Was meinen Sie denn damit, ein Angebot?«, fragte er vorahnungsvoll.

»Naja, halt ein besseres Angebot. Himmel, ich muss auch schauen, wo ich bleibe.« John vermied es, Harald anzuschauen. »Jedenfalls: Hier sind die Schlüssel und dein Geld!«

Harald begann aufzuheulen. Augenblicklich schaute Mandy durch die Tür. »Möchten Sie auch eine Tasse Kaffee?«, fragte sie John. »Nee, danke«, antwortete der und knallte Harald den Fünfziger und die Geldmünzen auf den Tisch. »Waren übrigens nur 88 Euro, find ich ziemlich scheiße, die Nummer«, sagte er missmutig, drehte sich um und ging schnellen Schrittes den Gang hinunter.

»Hey, Moment mal. Wo ist mein Auto?«, schrie Harald ihm hinterher.

»Steht vor der Tür auf der Standfläche«, brüllte John zurück und verschwand durch die Glastür. Einen Moment lang stand Harald wie versteinert in dem Konferenzraum. Dann sagte Mandy mit Engelsstimme: »Da würde ich aber lieber schnell mal nachsehen, Herr Grützner. Da steht nämlich keiner lange, die schleppen immer gleich ab ...« Harald rannte los. In seinen Ohren sauste es wie wild. »Am besten, Sie kommen morgen Vormittag wieder«, rief Mandy ihm hinterher. »Da ist dann auch Herr Beckers wieder da! Herr Grützner ...?« Doch Harald war schon im Treppenhaus verschwunden.

»Netter Mann«, sagte Mandy zu sich selbst, »aber irgendwie ein bisschen überdreht.«

Bolle reiste jüngst zu Pfingsten ...
Warum Staus früher einfach besser waren

Wenn Harald Grützner einmal im Monat an einem Freitag seine Eltern besucht, endet der Abend gewöhnlich mit einer Diashow. Harald hasst Diashows, sagt aber nichts. Da flanieren dann seine Eltern in Boxershorts und Badeanzug wahlweise an der Riviera, am Strand von Palma oder von Maspalomas entlang und grinsen unter überdimensionalen Sonnenbrillen in die Kamera. Vater Grützner hat das Fotografieren schon vor Jahren aufgegeben, Harald ist sich auch nicht sicher, ob es heute überhaupt noch Diafilme gibt. Die ausgebleichten Bilder stammen ohnehin allesamt aus den 60er und 70er Jahren, weil seine Eltern zwar auch heute noch reisen, aber doch am liebsten von früher erzählen, als alles noch so sauber und billig und irgendwie wunderschön war. Harald selbst denkt eher mit Schaudern an die Zeiten zurück, als er nassgeschwitzt auf der Plastikrückbank des blauen Volkswagens saß und durch Frankreich, Spanien, Jugoslawien oder Italien befördert wurde. Seine Erinnerungen an Campingplätze und Strände sind auch eher schlecht, denn Harald war damals immer ein bisschen zu dick, zu unsportlich und zu bleichhäutig. In seinen unscharfen Bildern dieser Zeit sieht er kichernde Mädchen (wobei er meist der Auslöser war), Sonnenbrand und Essen, das er irgendwie nicht mochte.

»Kinder, war das schön«, pflegt sein Vater an den Dia-abenden zu sagen, während Mutter versonnen nickt, und ganz besonders gerne erinnern sich die beiden dann seltsa-merweise an die tagelangen Autofahrten, die es brauchte, um die damals beliebten Ziele im Süden zu erreichen.

»Ich weiß nur noch, dass wir immer im Stau gestanden haben«, wendet Harald regelmäßig ein, erntet aber nur ein Kopfschütteln.

»Die Staus waren doch das Schönste«, entgegnet ihm sei-ne Mutter, und wenn Harald dann verständnislos den Kopf schüttelt, sagt sie: »Damals war eben ein Stau noch ein Stau. Wir hatten es doch nicht eilig!«

»Genau«, ruft Vater Grützner, »und deine Mutter hatte immer was Leckeres dabei.« Seine Augen leuchten, denn er erinnert sich nun an die Campingstühle und Tische mit karierten Decken, die man zwischen die Autos stellte, und den Nudelsalat aus der Kühltasche, wo er zwischen blau-en Kühlakkus lagerte, die spätestens am Nachmittag einer elend langsamen Fahrerei durch die sengende Sonne feucht und lauwarm waren.

»Immer haben wir nette Leute kennengelernt«, sagt Vater.

»Die Bahlkes aus Wuppertal besuchen wir heute noch. Die haben wir 1973 in der Nähe von Würzburg-Randersacker kennengelernt«, erinnert sich Mutter.

»Nein, Irmgard«, wendet Vater mit bestimmtem Ton ein, »das war 1976 kurz hinter Passau. 1973 haben wir die Schmidts aus Kaiserslautern getroffen.«

»Ach, da ist der Mann vor zwei Jahren gestorben«, sagt Mutter mit bedauerndem Kopfschütteln. »Der war immer so nett.«

»Hat aber zu viel getrunken, war doch klar, dass das irgendwann nicht mehr gutgeht«, knurrt Vater … So können Stunden vergehen. Vater und Mutter schwelgen in Erinnerungen, wen sie noch alles in welchem Stau kennengelernt haben (es sind definitiv mehr als die Urlaubsbekanntschaften aus den Zielorten), und Harald trinkt missmutig ein Bier nach dem anderen und schaut alle zwei Minuten auf seine Armbanduhr.

An einem Freitagabend im Mai war es wieder einmal soweit. Harald saß im Wohnzimmer des gemütlichen Reihenmittelhauses seiner Eltern. Die Dias waren geguckt, Vater und Mutter hatten diverse Staugeschichten zum Besten gegeben. Irgendwann reichte es Harald, und diesmal, er hatte wohl ein, zwei Bier zu viel getrunken, schimpfte er plötzlich los. »Gut, dass diese Zeiten vorbei sind!«, rief er. »Ich kann das nicht nachvollziehen, wie man sich so nach früher sehnen kann. Überlegt doch mal, wie viel sinnlose Zeit ihr auf der Autobahn vergurkt habt. Und diese grässlichen Ehepaare, die da am Straßenrand rumlungerten, die könnt ihr doch in Wirklichkeit gar nicht leiden. Würden die hier in der Straße wohnen, ihr würdet sie nicht mal grüßen!«

Seine Eltern schauten ihn betroffen an. »Wie kannst du nur so etwas sagen«, rief seine Mutter entrüstet. »Nur weil ihr heute das ganze neumodische Zeug habt, musst du dich doch nicht als was Besseres aufspielen. So was Schönes wie damals gibt es heute gar nicht mehr. Die Leute sind so kalt und gehetzt und fummeln immer nur an ihren Geräten herum.« Sie zeigte anklagend auf Haralds Multifunktionshandy. Harald merkte, wie er wütend wurde. Dennoch schob er das Handy lieber schnell aus der Sichtlinie seiner Mutter in die Hosentasche, bevor er weiterredete: »Heute vertändelt man seine Zeit eben nicht auf der Autobahn. Alles ist viel besser ausgebaut, da fährt man nicht mehr tagelang durch die Gegend. Besser, man kommt schnell an und genießt den Urlaubsort. Man kann auch fliegen. Und man hat bessere Autos. Hamburg – Gardasee vier Stunden, so muss das gehen!«

»Naja«, brummte sein Vater. »Da mach ich lieber mal eine Pause und esse den leckeren Nudelsalat von deiner Mutter.«

»Mit Frikadellen«, nickte Mutter.

Harald schüttelte sich. »Ich mache auch Pausen. Es gibt doch inzwischen an jedem Straßenschild eine erstklassige Gastronomie. Burgerbrater. Gourmettempel. Salatbars. Cafés. Kuchenbasare. Alles wunderbar. Da brauche ich keine stinkige Kühltasche …!«

Der Abend endete unterkühlt. Sein Vater brummelte, er müsse noch im Garten etwas zusammenräumen, seine Mutter gab ihm nicht den üblichen Kuss auf die Wange. Harald fuhr mit seinem Fahrrad wütend nach Hause und beschloss, beim nächsten Mal darauf zu bestehen, dass keine Dias angeschaut würden – oder wenn, dann wenigstens die von den Familienfeiern, wenngleich ihm diese Alternative auch nicht viel besser erschien.

Schon bald ergab sich für Harald die Gelegenheit, alles anders und viel besser als seine Eltern zu machen. Beim Bowling mit Kollegen hatte er Sylvia kennengelernt, eine ganz entzückende wasserstoffblonde Enddreißigerin. Sie fiel ihm sofort auf, denn in ihren enganliegenden Leggins, mit denen sie sich anmutig über die Bowlingbahn bewegte, zeichnete sich ein geradezu anbetungswürdiger Po ab, wie Harald fand. Während sie mit ihren Freundinnen auf der Nachbarbahn herumalberte, konnte Harald seinen Blick gar nicht mehr von diesem apfelförmigen »JeLo«-Imitat lassen. Eine Stunde später verwickelte Harald die Bowlingschönheit in ein längeres Gespräch. Und einige Tage später traf er Sylvia zufällig im Zeitschriftenladen seines Viertels. Sie hatte sich für »Mariebell«, »Brigitte«, »Claire«, »Tina« und »Vogue« entschieden, Harald griff gerade zu »Kicker« und »TV Movie«. Sie unterhielten sich trotz der unterschiedlichen Präferenzen sehr nett, daraus wurden einige Kaffee-Dates, bei denen er erfuhr, dass sie solo, Inhaberin eines Sonnenstudios und Mitglied einer Bürgerinitiative für mehr Anwohnerparkplätze war und samstags zum Power-Yoga ging.

Dann geschah das Wunder: Sylvia stimmte einem gemeinsamen Pfingstausflug nach Paris zu. Von Berlin war es zwar ein weiter Weg nach Frankreich, fand Harald, doch noch weiter würde ganz sicher der Weg durch die erhoffte Verbindungstür zwischen den beiden Einzelzimmern sein, auf die Sylvia blöderweise bestanden hatte. Nach ihrer Trennung sei sie eben noch nicht soweit, beichtete sie ihm mit ernstem Ton und herzerweichendem Augenaufschlag.

Am frühen Pfingstsamstag machte sich Harald auf den Weg. Er hatte den Epremo sogar ein wenig aufgeräumt. Stolz schaute er in den fast leeren Kofferraum seines Wagens, in den er gleich Sylvias Sachen räumen würde, wie ihm schaudernd vor Glück durch den Kopf ging. Harald setzte sich zufrieden hinters Steuer und ließ den Wagen an. Kaum hatte er den Schlüssel in die Zündung gesteckt, ging ein sirenenartiges Warnsignal los. Einige Passanten blieben stehen. »Oh nein, die Alarmanlage«, schoss es Harald durch den Kopf. Wie ging die nur wieder aus? Harald wühlte in den diversen Ablagefächern nach der Bedienungsanleitung des Wagens, fand aber nichts. Es pochte an die Seitenscheibe. Eine ältere Frau schaute in den Wagen hinein. Harald öffnete die Scheibe und schrie: »Was gibt's?«

»Ihr Wagen macht schrecklichen Krach, machen Sie das sofort aus«, brüllte die Dame zurück.

Harald war zunächst sprachlos, doch nach einer Schrecksekunde sprang er aus dem Wagen und baute sich vor der Frau auf. »Was glauben Sie? Dass ich das hier zum Spaß mache?« Er schaute auf die Uhr. Er war in einer Minute mit Sylvia verabredet. Sie wohnte nur zwei Straßen weiter, er hatte eigentlich nicht mit einer längeren Anfahrt gerechnet. Die ältere Dame war inzwischen rot angelaufen und brüllte nun weiter gegen den sich beständig steigernden Pfeifton der Alarmanlage. »Wenn Sie den Lärm nicht abstellen, rufe ich die Polizei!« Harald war ohnmächtig vor Zorn, doch gerade als er ernsthaft darüber nachdachte, Gewalt gegen dieses zeternde Wesen anzuwenden, fiel ihm ein, dass es einen kleinen Schlüssel gab, mit dem man die Alarmanlage deaktivieren konnte. Und dieser Schlüssel hing im Schlüsselkasten in seiner Wohnung. Ohne die keifende Frau anzusehen, rannte er los. »Das ist ja die Höhe!«, rief ihm die Nervensäge noch nach, verschwand dann aber um die Hausecke.

13 Minuten nach dem vereinbarten Zeitpunkt hielt Harald vor Sylvias Haus. Sie stand bereits am Straßenrand, und ihr Gesichtsausdruck verhieß nichts Gutes. »Danke, dass ich die schweren Koffer alleine tragen durfte«, begrüßte sie Harald. Er schnappte nach Luft und wollte gerade etwas sagen, als

er Sylvia genauer ansah. Sie war geschminkt, hatte einen grellroten Lippenstift aufgetragen und irgendetwas mit ihren Wimpern gemacht. Sie war kaum wiederzuerkennen. An ihrer atemberaubenden Figur, die sie mit einer knallengen weißen Jeans und roten Lackstilettos betonte, hatte sich allerdings nichts geändert. Beeindruckt schluckte Harald die scharfe Erwiderung herunter, die ihm gerade noch auf der Zunge gelegen hatte, und murmelte leise, dass da irgendein Idiot die Straße versperrt habe. Sie schaute ihn schmollend an. »Weißt du, das hat mein Ex auch immer mit mir gemacht. Ständig musste ich warten, ich habe das einfach satt.« Und dann etwas versöhnlicher: »Hilfst du mir jetzt mit dem Gepäck?« Harald drehte den Kopf und sah die Katastrophe. Auf dem Bürgersteig standen drei riesige Koffer sowie mehrere Taschen und Beutel. Harald öffnete die Kofferraumklappe, nicht ohne einen stolzen Seitenblick wegen der Klappautomatik, die Sylvia jedoch leider offenkundig nicht beeindruckte, und wuchtete dann den ersten Koffer hinein. Ein stechender Schmerz fuhr durch seine Lendenwirbelsäule. Harald biss die Zähne zusammen. »Bloß nicht wieder die alte Rückengeschichte«, dachte er panisch. Letztes Jahr hatte er sich wochenlang kaum bewegen können. Das hier fühlte sich so ähnlich an. Ganz vorsichtig hob er den zweiten Koffer hoch, der ihm noch schwerer schien.

»Was hast du denn da alles drin?«, fragte er.

»Nur das Nötigste«, antwortete Sylvia. »Oder ist dir das jetzt alles schon zu viel?«

»Nein, kein Problem«, beeilte sich Harald zu sagen und fand, dass die hübsche Sylvia ganz schön schwierig war. Die Trennung wahrscheinlich.

Harald besah den Kofferraum. Die Taschen würden vielleicht noch passen, der dritte Koffer dagegen ganz bestimmt nicht. Seufzend öffnete er die hintere rechte Tür.

»Soll der jetzt da hinten rein?«, fragte Sylvia.

»Naja, in den Kofferraum passt er nicht mehr«, meinte Harald schulterzuckend.

»Toll, da kann ihn doch jeder sehen. Bestimmt wird der Wagen aufgebrochen.«

Harald war ratlos. »Weißt du, wir sind ja nicht lange unterwegs, und im Hotel nehmen wir ihn als Erstes heraus«, schlug er vor.

Sylvia nickte langsam, schien jedoch weiterhin unglücklich über diese Wendung zu sein. »Sei aber vorsichtig beim Verstauen, der ist empfindlich.«

Langsam ging Harald die Sache auf den Geist, Sylvias Po hin oder her. Vor dem inneren Auge sah er seinen Balkon, einen Liegestuhl und zwei Flaschen Bier. Eine augenblicklich gar nicht so zu verachtende Alternative. »Ich gebe mir alle Mühe«, sagte er und schob das sauschwere Teil auf die Rückbank. Irgendetwas hakte jedoch fest, jedenfalls ragte der Koffer ein Stück aus der Tür heraus. »Das gibt's doch nicht«, schimpfte Harald und drückte fester. Nun passierten zwei Dinge: Der Koffer rückte in den Innenraum vor. Und es gab ein hässliches Knacken. Das war das Kofferschloss, das sich soeben geöffnet hatte, woraufhin ein Großteil des Inhalts in den Fußraum purzelte.

»Mann, pass doch auf«, schrie Sylvia mit schriller Stimme. »Jetzt schau dir das an.«

»Warte, ich räume es zusammen«, wisperte Harald.

»Danke, kein Bedarf, dass du in meiner Unterwäsche rumwühlst«, fauchte Sylvia und begann die Kleidungsstücke einzeln aus dem Fußraum zu angeln. Harald zog derweil kleinlaut den offenen Koffer zurück und legte ihn aufgeklappt auf den Bürgersteig. Trotz der angespannten Lage kam er nicht umhin, Sylvias Gesäß zu bewundern, das sie ihm aufreizend aus dem Wageninneren entgegenreckte. Sie blickte sich um.

»Ganz toll, dass jetzt alle Nachbarn meine Wäsche sehen«, zeterte sie.

»Hier ist doch gerade niemand«, beschwichtigte Harald.

»Da irrst du dich gewaltig, es stehen mindestens zwei Glotzer hinter der Gardine, da kannst du Gift drauf nehmen.« Dann zog sie plötzlich ein Heft hervor, das offenbar unter dem Fahrersitz gesteckt hatte. Es war der »Playboy« vom März. Harald merkte, wie ihm die Röte ins Gesicht stieg.

»Lektüre für unterwegs?«, fragte Sylvia schnippisch.

»Muss ein Kollege liegengelassen haben«, murmelte Harald unbehaglich.

Sylvia starrte ihn an, und Harald fühlte sich ein bisschen wie ein widerliches Insekt. »Ja, so wird es wohl sein«, stellte Sylvia fest.

Die ersten Kilometer im Stadtverkehr fuhren sie wortlos. Harald konzentrierte sich verbissen auf den Verkehr. Sylvia betrachtete abwechselnd ihre rot lackierten Fingernägel und die vorbeiziehenden Häuser. Nach zwanzig Minuten kündigte sich das nächste Problem dieses Ausfluges an.

»Irgendwie ist mir kalt«, begann Sylvia zu quengeln. Das Innenraumthermometer zeigte 21 Grad an.

»Soll ich vielleicht die Sitzheizung anstellen?«, beeilte sich Harald zu fragen.

»Meinetwegen, aber mir ist auch an den Füßen kalt.«

»Das wundert mich nicht«, dachte Harald, als er einen Blick auf Sylvias nackte Füße warf, die hinreißend in den hochhackigen roten Schuhen steckten. An ihrer rechten Fußfessel glitzerte ein goldenes Kettchen. »Beim Epremo kann man die Innenraumtemperatur zonenweise einstellen, also auch für den Fußraum«, warf Harald ein, weil er sich ein bisschen wichtig mit seinem neuen Wagen tun wollte. Sofort hätte er sich am liebsten auf die Zunge gebissen, denn Sylvia stimmte augenblicklich zu – und schlagartig wurde ihm die Konsequenz seines Vorschlags bewusst. Mit einer bösen Vorahnung betätigte Harald den Startknopf für den Bordcomputer.

»Guten Tag, hier ist das Fahrerinformationssystem«, sagte eine nur allzu bekannte Stimme, und im Display erschien die berüchtigte Sonne. »Wählen Sie nun eine Funktion aus. Sagen Sie …«

»Sitzheizung«, sagte Harald mit betont ausdrucksloser Stimme.

»Sie haben sich für die Funktion Sitzheizung entschieden. Wählen Sie nun eine Stufe zwischen eins und fünf«, plapperte die Sonne lachend.

»Fünf«, sagte Harald.

»Das ist doch viel zu heiß«, widersprach Sylvia.

»Sie haben Stufe fünf gewählt«, bestätigte die Sonne gnadenlos.

»Lieber drei«, rief Harald mit einem Seitenblick auf Sylvia.

»Ihre Anfrage konnte nicht bearbeitet werden«, monierte das System.

»Das wird sauheiß«, maulte Sylvia.

»Sitzheizung«, sagte Harald nervös.

»Diese Funktion steht augenblicklich nicht zur Verfügung.«

Fast wäre Harald auf einen vor ihm fahrenden Golf gekracht. »Pass doch auf«, zischte Sylvia. »Ich mag das sowieso nicht, wenn Männer immer an dem ganzen Technikkram herumspielen. Kannst du dich nicht auf das Autofahren konzentrieren?«

»Ja, aber du wolltest doch ...«, stammelte Harald.

Sylvia schaute erbost nach vorne. Auf dem Display hüpfte die Sonne.

»Soll ich jetzt noch den Fußraum warm machen?«, fragte Harald vorsichtig.

»Mir egal«, sagte Sylvia und starrte aus dem Fenster.

»Klima«, flüsterte Harald zur Sonne.

»Binng. Bitte wiederholen Sie die Eingabe«, schrie das System zurück. Zumindest kam es Harald so vor, als hätte sich in den letzten 30 Sekunden die Lautstärke verdoppelt. Einen Seitenblick wagte er schon gar nicht mehr. »Klima«, sagte er etwas lauter.

»Wählen Sie ein Wagenviertel«, befahl die Sonne.

»Vorne links, vorne rechts, hinten links, hinten rechts.«

»Vorne rechts«, wisperte Harald.

Sylvia zog scharf die Luft ein. Das geplante Protzen mit der Autotechnik schien bei ihr überhaupt nicht zu funktionieren. »Wählen Sie nun eine Zone: Oben, Mitte, unten, oben und Mitte, Mitte und unten, oben und unten, gesamt.«

»Was ...«, murmelte Harald.

»Unten«, sagte Sylvia, »früher gab es dafür einen Regler!«

»Wählen Sie nun eine Temperatur zwischen 18 und 26 Grad«, frohlockte die Sonne.

»26«, sagte Sylvia.

Harald schwieg besser und drückte erneut den Knopf. Die Sonne verschwand.

Als sie eine Viertelstunde später an der ehemaligen Grenze bei Dreilinden vorbeikamen, hatte sich Sylvias Laune wieder gebessert. Sie begann loszuplappern, welche Läden sie in Paris alle besuchen wollte. Eine Freundin hatte ihr brandheiße Tipps gegeben. »Weißt du, da muss es am Place du Carrousel einen total niedlichen Schuhladen geben, so was bekommt man in Deutschland gar nicht zu sehen. Und bei ›Surlepont‹ auf dem Boulevard Haussmann gibt es so voll abgefahrene Accessoires. Und dann gehen wir einen Kaffee im ›Saint Emilien‹ trinken, und dann soll es da noch ein total tolles Kaufhaus geben, das heißt Louvre …« Harald zuckte innerlich zusammen. Das konnte ja heiter werden. Erneut dachte er sehr intensiv an seinen Balkon und die zwei Bierflaschen. Während Sylvia all diesen Unfug ausstieß, drückte sie unentwegt auf den Reglern des Autoradios herum, weil sie irgendeinen Lieblingssong suchte. Sie drehte auch ständig die Lautstärke auf und ab, so dass Harald Mühe hatte, dem Gespräch zu folgen. Aber offenbar waren substantielle Beiträge auch gar nicht gefragt, schließlich beschränkte er sich auf »Mmm« und »Ah, ja …«.

»Das ist ja der allerletzte Mist«, rief Sylvia gerade und regelte einen Sender weg, den sie Minuten vorher mit einem entzückten Aufschrei entdeckt hatte. »Weißt du eigentlich, dass das total heiß hier drin ist?«, meckerte sie plötzlich.

Harald begann sich nun wirklich zu ärgern. »Zu heiß, zu kalt, zu leise, zu laut, kein Wunder, dass ihr der Typ weggelaufen ist«, sagte er sich.

»Kannst du nicht mal irgendetwas tun?«, drängelte Sylvia.

Harald drückte die Fensterheber. Der Fahrtwind schoss durch den Wagen, und das »Playboy«-Heft auf dem Rücksitz begann auf und ab zu flattern. Sie fuhren 170 Stundenkilometer. »Mach das zu«, schrie Sylvia, der es gerade die hübsche Frisur verwehte. Hastig drückte Harald wieder auf den Fensterheber. »Knacks«. Harald starrte auf den Schalter beziehungsweise das, was davon noch übrig war.

»Mach endlich das blöde Fenster zu«, schrie Sylvia.

»Es geht nicht, das Ding ist irgendwie kaputt«, brüllte Harald gegen die Fahrtgeräusche zurück und drückte verzweifelt an dem Restknopf herum.

»Dann fahr wenigstens langsamer«, herrschte ihn Sylvia an. Ihr Kopf sah aus wie ein Wischmopp. Endlich gelang es Harald, den abgebrochenen Knopf in eine andere Position zu bringen, das Fenster summte zu. Harald schwante, dass dieser Ausflug nicht die von ihm erhoffte Wendung nehmen würde. Vor seinem Inneren hatte die erträumte Verbindung zwischen seinem und ihrem Hotelzimmer inzwischen die Form einer Panzerschranktür eingenommen. »Lass uns doch rausfahren und einen Kaffee trinken«, schlug er eilig vor, denn er hatte aus dem Augenwinkel gerade die Werbetafel einer bekannten Imbiss- und Kaffee-Kette entdeckt. Vielleicht entspannte das ja die Situation. »Von mir aus«, murrte Sylvia immer noch vorwurfsvoll, »ich muss mich ohnehin frischmachen und die Frisur in Ordnung bringen.«

Als er den Wagen in die Ausfahrt steuerte, schöpfte Harald neue Hoffnung. Es ging doch nichts über ein frisches Espressogetränk und dazu vielleicht ein Stück von dem Marmorkuchen, den er so gerne aß. Das war wirklich eine praktische Sache, dass es jetzt überall an den Autobahnen diese neuen Cafés gab, wo man gemütlich Kaffee und Kuchen genießen konnte. Höhnisch dachte er an Mutters Thermoskanne, aus der man früher während der Fahrt lauwarmen Zitronentee eingeschenkt bekam, der dann meist durch ein Loch im Becher auf die Sitze getropft war und außerdem scheußlich schmeckte.

Auf dem Parkplatz vor der Café-Filiale war die Hölle los. Es gab eine hoffnungslos verstaute Zufahrt für das Drive-in, an der so viele Wagen standen, dass man die Hälfte des Parkplatzes gar nicht befahren konnte. Harald lenkte den Wagen nach links und fuhr an den besetzten Parkboxen vorbei. Überall standen Menschen, die meisten rauchten oder aßen Burger aus Pappschachteln, Kinder liefen wild herum, eins davon, ein sechsjähriger Junge mit hochgegelten blonden Haaren, rannte direkt vor Haralds Wagen über die Fahrbahn, ohne ihn auch nur eines Blickes zu würdigen, so dass Harald scharf bremsen musste. »Können Sie nicht aufpassen?«, herrschte ihn die stark übergewichtige Mutter an. Während sie mit der einen Hand die Burgerschachtel hielt, fuhr sie sich mit der anderen durch das fettige, zweifarbig gestaltete Haar. Harald öffnete seine Tür einen Spalt – an den Fensterheber traute er sich nicht mehr heran – und rief zu der Beleibten: »Passen Sie doch mal auf Ihre Göre auf, sonst haben Sie bald zwei.« Als er jedoch den bösen Blick eines schwarzhaarigen und stark tätowierten Hünen sah, zog Harald schnell die Tür wieder zu und kreiste weiter auf dem Parkplatz. Schließlich fand er am äußersten Ende eine freie Bucht neben einem Campingmobil. Sylvia hatte die ganze Zeit nur genervt aus dem Fenster gestarrt, jetzt sprang sie aus ihrem Sitz hoch und stieg aus. »Weiter weg ging's wohl auch nicht«, bemerkte sie schnippisch und stiefelte Richtung Café.

In diesem Moment bemerkte Harald den braunen Abdruck an Sylvias gutgeformtem Gesäß, der sich deutlich auf der weißen Jeans abzeichnete. »Oh nein«, murmelte Harald und sprintete um das Auto zum Beifahrersitz. Seine Befürchtung bewahrheitete sich, in der Sitzritze hatte offenbar ein Streifen der neuen Chili-Senf-Schokolade gelegen, die er am Freitag für einen Kundentermin dabei gehabt hatte. Davon musste irgendwie ein Stückchen in die Ritze gerutscht sein, und die Sitzheizung Stufe fünf hatte die Schokolade wohl verflüssigt und herausgedampft. Schnell griff Harald in sein Handschuhfach und holte ein Erfrischungstuch heraus, mit dem er den Sitz notdürftig reinigte. Das funktionierte eigentlich ganz gut, mit Schokoladenflecken kannte Harald sich aus. Er schmiss das Tuch unter den Wagen und rannte Sylvia hinterher, die schon fast das Café erreicht hatte. Hintereinander traten sie beide durch die Schwingtür.

Offenbar hatten noch einige hundert Leute dieselbe Idee gehabt. Die Schlange vor den Imbissschaltern reichte jedenfalls fast bis zur Tür. Vor der Kaffeetheke sah es nicht viel besser aus. »Tolle Idee, das mit dem Kaffee«, kommentierte Sylvia: »Ich geh mich frisch machen, bring mir doch bitte eine Latte macchiato mit. Aber mit Sojamilch.« Sie drehte sich um und reihte sich in die Schlange vor der Damentoilette ein. Harald seufzte und versuchte einen Blick auf den Tresen zu erhaschen. Vor ihm standen bestimmt 20 Leute. Eine blasse, gepiercte Aushilfe und der stark übergewichtige Store-Manager (Harald erkannte ihn an der Extra-Uniform) versuchten, der Massen Herr zu werden. Sie standen sich dabei offenkundig gegenseitig im Weg, es dauerte unerträglich lange. Als Harald den Weg zum Kaffeeglück auf fünf Wartende verkürzt hatte, drängelte sich plötzlich ein nach Bier stinkender Typ an ihm vorbei. »Hey, stellen Sie sich hinten an«, raunzte Harald. Der Mann drehte sich um. Er trug eine schwarze Lederweste, die den Blick auf nackte, tätowierte Haut und einen beeindruckenden Oberarmbizeps freigab. »Willste Ärger?«, fragte der Drängler. Die Bierfahne erstickte Harald fast. Er schaute hilfesuchend nach vorne, doch der laut Namensschildchen ausgewiesene »Manager on Duty« machte nicht die geringsten Anstalten, zu ihm zu sehen. Kleinlaut murmelte Harald zu dem Muskelpaket: »Nein, Sie haben es bestimmt eilig, gehen Sie nur.« Er hoffte, dass Sylvia ihn nicht bei dieser erbärmlichen Niederlage sah. Als der Typ an die Reihe kam, wählte er ein Stück Marmorkuchen. Harald stellte beunruhigt fest, dass es das letzte in der Glasvitrine war. Aber die hatten bestimmt noch welchen im Lager.

»Guten Tag, was darf es sein?«, lispelte die Aushilfe.

»Ich hätte gerne zwei Latte macchiato, einen mit Sojamilch«, erwiderte Harald.

»Soja ist aus«, erklärte das Mädchen mit genervtem Blick.

»Oje«, sagte Harald. »Ganz aus?«

»Na, wenn ich's doch sage«, antwortete die Bedienung ausdruckslos.

»Gut, dann geben Sie mir zwei normale. Haben Sie noch Marmorkuchen?«

»Nein, gerade raus. Macht fünfachtzig, der Kaffee.«

»Moment mal, ich könnte doch etwas anderes nehmen«, rief Harald.

Hinter ihm wurde leises Gemurmel laut. »Sie sehen doch, was hier los ist«, mischte sich jetzt der Manager ein. »Überlegen Sie sich doch erst mal, was Sie eigentlich wollen, derweil können wir hier weitermachen.«

Harald sah zustimmendes Nicken in der Schlange. »Das habe ich doch, ist das meine Schuld, wenn alles aus ist?«, rief er.

»Haben Sie sich jetzt entschieden, oder wollen Sie Ärger machen?«, fragte der Uniformierte.

»Ich nehme zwei Latte macchiato und einen Blaubeermuffin«, sagte Harald entschieden und versuchte sich so zu beherrschen, dass seine Stimme sich nicht überschlug.

»Muffins sind aus«, antwortete die Aushilfe, »das habe ich Ihnen doch gerade gesagt.«

»Sie haben gesagt, dass Marmorkuchen aus ist«, empörte sich Harald. Das Murmeln hinter ihm schwoll weiter an. Der Manager musterte Harald aus verengten Augenschlitzen. In diesem Moment erkannte Harald, dass sich Sylvia näherte. »Gut, geben Sie mir zwei Latte macchiato und …« – er schaute panisch in die Vitrine – »…und dieses Stück Schwarzwälder Kirschtorte.« Wortlos wandte sich die Bedienung ab und begann die Kaffeegetränke zuzubereiten. Sylvia stellte sich neben Harald. »Du stehst ja immer noch hier«, meinte sie.

»Ja, das ist der Wahnsinn, wie langsam das vorangeht«, sagte Harald mit übertriebenem Kopfschütteln. Die Gepiercte stellte ihm die beiden Kaffeegetränke und eine Schachtel mit dem halbflüssigen Kuchen hin.

»Welcher ist mit Sojamilch?«, fragte Sylvia die Bedienung.

»Keiner, die sind beide normal«, sagte das Mädchen ohne die Miene zu verziehen.

»Ich wollte doch einen mit Sojamilch«, begann Sylvia loszuzetern.

»Soja ist aus«, sagten Harald und die Bedienung gleichzeitig. Sylvia stutzte und schaute beide wütend an. Dann nahm sie einen der Becher, sagte: »Ganz toll«, drehte sich um und trippelte Richtung Ausgang. Dabei bemerkte sie irritiert, dass ihr das halbe Lokal hinterherstarrte. Harald stellte schnell den Latte-macchiato-Becher auf die Kuchenpackung und trabte Sylvia hinterher. Er wusste schließlich, warum die Leute so guckten. Diesmal lag es nicht an Sylvias toller Rückansicht, sondern an der quer über ihr Gesäß verschmierten Schokolade, die sie glücklicherweise immer noch nicht bemerkt hatte.

»Wenn sie nicht so ein scharfes Gerät wäre, ich würde auf der Stelle Schluss machen und nach Hause fahren«, fluchte Harald innerlich, obwohl er zu ahnen begann, dass die Verbindungstür, wenn es sie überhaupt geben würde, verrammelt und verriegelt bleiben würde. Gerade wollte er die Schwingtür des Cafés mit der freien Hand öffnen, da drückte von innen ein Kind, das er übersehen hatte, mit voller Wucht dagegen. Die Tür knallte gegen seinen rechten Arm, die Latte macchiato flog in hohem Bogen zu Boden, der Kaffee spritzte in alle Richtungen. Harald wollte sich festhalten, rutschte jedoch auf der Flüssigkeit halb aus, dabei purzelte nun auch noch seine Kuchenpackung auf den Boden. Die ohnehin durchweichte Torte schwamm nun auf der Kaffeepfütze. »Entschuldigung«, rief das Kind und rannte weiter. Es war das gegelte Blag, das ihm vorhin die Vorfahrt genommen hatte. Harald blickte auf seine cremefarbene Hose. Sie war völlig mit Kaffee und Torte besudelt.

Wütend ging Harald zum Auto zurück, der Kaffee fühlte sich unangenehm feucht im Schritt an. Am Wagen erwartete ihn Sylvia, die ihn entgeistert anstarrte. »Was hast du denn gemacht?«, fragte sie und verzog angeekelt ihre Miene.

»So ein doofes Balg hat mir den Kaffee aus der Hand gehauen«, erklärte Harald und wollte sich auf den Fahrersitz setzen.

»So kannst du doch nicht fahren«, schimpfte Sylvia los. »Wenn wir zusammen gesehen werden.«

Harald schaute sie hilflos an.

»Oh Gott, seid ihr Männer eigentlich alle gleich«, zeterte sie weiter. »Ich mag das nicht, wenn Klamotten bekleckert sind. Mein Ex ist auch immer so rumgelaufen. Da fühlt man sich total missachtet …«

Harald atmete durch, dann fügte er sich in sein Schicksal. »Gut, ich nehme mir neue Sachen heraus«, murmelte er und öffnete die Heckklappe. Sein kleiner schwarzer Trolley steckte hinter den mörderschweren Koffern von Sylvia. Harald wuchtete die Gepäckstücke heraus, zog seine Reisetasche nach vorne, kramte eine Jeans hervor und schaute sich dann suchend auf dem Parkplatz um. »Muss das wirklich sein«, bettelte er Sylvia an. »Hier sind doch so viele Leute.« Sylvia schaute streng. Harald zuckte die Schultern, setzte sich auf den Rand des Kofferraums und begann die besudelte Hose auszuziehen. Er schämte sich zu Tode, auch weil er heute eine ausgeleierte, ältere Unterhose trug. Als er sich gerade die Jeans überziehen wollte, fiel sein Blick auf eine Mutter mit zwei kleinen Kindern, die gerade in das Campingmobil einstieg. Sie schaute ihn vernichtend an und schüttelte ihren Kopf. »Es ist was auf die Hose gekommen«, rief Harald ihr zu, die Frau schaute ihn noch angewiderter an und schleifte die Kinder davon.

Zwei ereignislose Stunden auf der A2 vergingen, Sylvia hatte sich beruhigt, suchte wieder Radiosender und erzählte langweilige Geschichten von Freunden, die Harald nicht kannte. Schließlich fragte sie, wie weit es eigentlich noch nach Paris sei. Harald befragte die Bordelektronik und meinte dann: »Laut Navi noch sechs Stunden und elf Minuten. Aber da fahren wir bestimmt noch was raus.«

»Was?«, rief Sylvia entsetzt. »Das hättest du mir doch sagen können, dass das so eine Weltreise ist. Das lohnt ja überhaupt nicht.«

Harald fragte sich, ob die Frau irgendeine Vorstellung von Geografie hatte, hielt aber lieber seinen Mund. Ohnehin arbeitete irgendetwas gerade in seinem Unterbewusstsein, irgendeine wichtige Information. Es kam aber noch nicht zum Vorschein.

»Draußen ist das schönste Wetter, und wir hocken stundenlang im Auto rum«, lamentierte Sylvia. »Wenn wir da sind, haben bestimmt die Geschäfte schon zu. Kannst du übrigens mal ranfahren? Ich muss dringend.«

Jetzt drang die Information, nach der Harald die ganze Zeit gesucht hatte, plötzlich zu ihm durch. Obwohl die Autobahn um ihn herum gut mit Pfingstausflüglern gefüllt war, hatte er seit Minuten auf der Gegenfahrbahn keinen Wagen mehr gesehen. Am rechten Straßenrand tauchte jetzt ein Schild auf: »Parkplatz Kottenbruch – fünf Kilometer«. Harald zeigte auf den Wegweiser. »Siehst du, da fahren wir raus.«

»Pass auf«, schrie Sylvia, dann sah Harald die Warnblinker und das Stauende. Er machte eine Vollbremsung und kam gerade noch hinter einem Opel Astra zum Stehen. »Das gibt's doch nicht«, murmelte er. »Das hätte doch der Navi vorher anzeigen müssen«.

»Wir könnten tot sein«, sagte Sylvia. »Ich weiß nicht, was du dir zusammenfährst.«

»Das war doch überhaupt nicht zu sehen«, regte sich Harald auf. »Wenn man andere Menschen im Wagen hat, fährt man vorsichtig«, fuhr Sylvia unbeirrt fort. »Rasen kannst du, wenn du alleine bist.« Sie schaute aus dem Fenster. »Wie geht denn das jetzt hier weiter? Ich muss mal dringend.«

Harald schaltete auf einen Sender mit Verkehrsfunk, es kam aber nichts. Auch sein Navigationsgerät zeigte weiterhin keine Störung an. Nach einer Viertelstunde eisigen Schweigens begann Sylvia zu jammern, dass sie es nicht mehr aushalte. Seit dem abrupten Stopp waren sie keinen Zentimeter weitergekommen. Offenbar war die Autobahn vollständig gesperrt, jedenfalls tauchten auch auf der Gegenfahrbahn weiterhin keine Fahrzeuge auf. Harald stieg aus dem Wagen und schaute sich um. Die Stelle war für eine Frau mit einem dringenden Bedürfnis wirklich sehr ungünstig. Weit und breit gab es keinen Strauch, dafür aber Hunderte gelangweilter Autofahrer, die für jede Abwechslung dankbar wären. Auch Harald ging durch den Kopf, dass ihm diese Situation eigentlich unverhofft gewisse Einblicke verschaffen könnte, die er sich nach dem ganzen Theater der letzten Stunden auch redlich verdient hätte.

Inzwischen war Sylvia ausgestiegen und zog ein verbissenes Gesicht. Harald schaute sie achselzuckend an. »Blöde

Stelle hier«, meinte er und blickte in die Ferne. Sylvia schüttelte ärgerlich den Kopf, dann stolzierte sie plötzlich in ihren Stilettos über den Randstreifen und die Grasnarbe auf das sich neben der Autobahn ausbreitende Feld. »Das hat doch keinen Sinn, komm zurück«, rief Harald ihr nach, doch Sylvia antwortete nicht. Harald war hin- und hergerissen. Eigentlich hätte er mitgehen müssen, aber er hatte Angst, den Wagen allein zu lassen. Bestimmt würde sich der Stau genau in dem Moment auflösen, in dem er am weitesten weg war. Also blieb er ratlos neben der offenen Fahrertür stehen und beobachtete Sylvia, wie sie mit sehr merkwürdigen Bewegungen das Feld überquerte. Schließlich blieb sie in etwa einem Kilometer Entfernung an einem Busch oder Baum stehen. Dort stand ein Traktor, und Sylvia sprach offenbar mit dem Bauern, der darauf saß. Dann verschwand sie hinter dem Strauch, wobei man sie dabei selbst aus dieser Entfernung noch zur Hälfte sehen konnte. Interessiert bemerkte Harald, dass inzwischen eine ganze Reihe von Frauen über das Feld humpelte.

Im Radio kam die nächste Verkehrsdurchsage. Diesmal war auch die A2 dabei. »Wir haben mal wieder zehn Kilometer zwischen Bad Eilsen und Rehren oder Rehren und Bad Eilsen, je nachdem, wie herum Sie stehen, ist völlig egal«, witzelte der Moderator. »Grund ist … Moment, ah ja, eine Vollsperrung, die Ursache leider noch unklar. Na, dann wünsche ich Ihnen noch einen schönen Pfingstsamstag«, höhnte der Radiosprecher. Harald sah Sylvia zurückhumpeln. Er konnte irgendwie kein Mitleid für die Frau empfinden, seine Begeisterung für den Pfingstausflug war auf den Gefrierpunkt gesunken. »Was für eine Zeitverschwendung«, schimpfte er mit sich selbst. Jetzt stand Sylvia vor ihm. Sie schaute ihn zornig an. Die weiße Jeans war an den Fußenden eingeschlammt, in der Hand hielt sie einen abgebrochenen Schuhabsatz. »Ich brauche neue Sachen«, schäumte sie, und ihr Blick ließ keinen Zweifel daran, wer an dieser Katastrophe schuld war. Schicksalsergeben ging Harald zum Kofferraum. »Welcher ist es?«, fragte er emotionslos. Es war natürlich der hintere der beiden Koffer. Der Schmerz in der Wirbelsäule war kaum zu ertragen. Sylvia wühlte in ihren Klamotten und zog schließlich zwei ebenfalls extrem hochhackige schwarze Schnürsandalen an. »Die passen nicht zur Jeans, aber ich zieh mich hier bestimmt nicht um«, zürnte sie vorwurfsvoll. Harald schwieg. Sie stiegen wieder in den Wagen.

Eine Stunde verging, langsam setzte bei Harald der Hunger ein. Sylvia hatte seit dem Schuhwechsel kein Wort mehr gesprochen. Nie war eine Verbindungstür zwischen zwei Hotelzimmern gesicherter gewesen. Harald überlegte, ob es in dem Epremo irgendetwas Essbares geben könnte. Doch ihm fiel nur das Stück Chilischokolade ein, das immer noch an Sylvias Po klebte, und das glücklicherweise nach wie vor unbemerkt. Harald zog seinen Organizer hervor. Auf einer Verkehrswebsite fand er heraus, dass der Stau nun 15 Kilometer Länge hatte. Es gab erste Staucommunities und mindestens 500 Einträge bei Twitter. »Mit was sich die Leute beschäftigen«, schüttelte Harald heftig den Kopf, als er den Eintrag von Lolle26 las: »Hey, suche nette Leute im Stau bei Bad Eilsen zum Quatschen und Zwitschern.« Auf einer anderen Site hatten User die besten Staubilder zusammengestellt. Harald blickte nach links. In dem rotbraunen VW Touran, der neben ihm stand, saßen drei halbwüchsige Mädchen im Gothic-Look, die ihn kalt anstarrten. Die kleinste richtete ihr Fotohandy auf ihn. Harald drehte schnell seinen Kopf weg. Er wollte nicht bei den »Gesichtern des Staus« auf *www.friendfinder.com* oder sonst wo mitmachen. Der Hunger wurde langsam unerträglich. Harald wünschte sich sehnlichst den Nudelsalat seiner Mutter herbei. Und vielleicht noch eine Frikadelle. Kinder, war das früher im Stau gemütlich …

»Hier ist Hit Radio 97 zwo«, trällerte es aus dem Audiocenter des Epremo. »Pfingstsamstag mittag, ganz Deutschland steht im Stau«, erklang die sonore Stimme des Moderators. »Aber einen ganz besonderen Fall haben wir heute auf der A2 zwischen Bad Eilsen und Rehren, nicht wahr, Dennis Hoppe im 97-zwo-Staustudio?«

»Ja, Tarrik Bohmsen, das ist wirklich eine witzige Geschichte«, ließ sich eine zweite, etwas hellere Stimme vernehmen. »Dort musste heute die Autobahnpolizei beide Fahrtrichtungen sperren, weil, halten Sie sich fest, ein Cabrio-Fahrer eine Plastiktüte mit 32 000 Euro verloren hatte.«

»Gibt's ja nicht, Dennis, erzähl mal, wie kam das«, lachte Tarrik Bohmsen. Harald starrte das Autoradio an.

»Naja, der Typ hatte sich das Cabrio für eine Probefahrt ausgeliehen. Und mit dem Geld wollte er später den Wagen bezahlen«, berichtete Dennis Hoppe atemlos.

»Und dann hat er das Geld verloren?«, wollte Tarrik wissen, während er einen aufdringlichen Soundteppich hochfuhr.

»Ja weißt du, Tarrik, er hatte nämlich die Geldscheine in eine Plastiktüte gesteckt und die dann auf die Rückbank des Cabrios gelegt. Schön blöd, oder?«, feixte Dennis.

»Ja, schön blöd«, dachte Harald. »Und wegen so einem Holzkopf stehe ich jetzt hier.« Er sah sich um, ob da nicht irgendwo ein Hundert-Euro-Schein herumflatterte, aber es war nichts zu sehen.

»Hat er sein Geld wiedergefunden?«, wollte Tarrik Bohmsen wissen. »Naja«, schrie Dennis. »Bislang haben die Beamten und der Cabrio-Fahrer knapp 24 000 Euro zusammen. Das meiste lag an den Mittelleitplanken. Die Autobahn bleibt noch für mindestens eine halbe Stunde gesperrt. Inzwischen sind dort rund 20 Kilometer Stau«, verkündete Dennis. Harald sog tief Luft ein und vermied es, Sylvia anzusehen.

Eine Stunde später löste sich der Stau langsam auf. Zunächst ging es im Schritttempo voran. Der Parkplatz Kottenbruch kam in Sichtweite und verschwand dann wieder. Schließlich wurden Harald und Sylvia an einer Ausfahrt von der Autobahn gelotst und über die Umleitungsstrecke nach Bad Eilsen geschickt. Sylvia hatte seit ihrer Wiederkehr vom Feld beunruhigenderweise immer noch nichts gesagt. Vor Haralds innerem Auge zogen zentnerweise Nudelsalate, Frikadellen und Burger vorbei. Er hatte unbeschreiblichen Hunger. Ihr Wagen passierte gerade das Ortsschild von einem Kaff namens Heeßen, da sah Harald das Paradies am Straßenrand. »Currywurst 2,80 €« lockte eine handgeschriebene Tafel an einem Imbisswagen, den Harald unter normalen Umständen als nicht vertrauenswürdig eingestuft hätte. Die Umstände waren aber nicht normal. Um die Würstchenbude hatten sich sowohl Durchreisende als auch Menschen versammelt, die offenkundig zu den Dorfbewohnern zählten. Harald stoppte den Epremo und sprang aus dem Wagen, dicht gefolgt von Sylvia.

»Das glaube ich nicht«, ereiferte sie sich, »du willst doch nicht etwa so einen Dreck essen?«

»Du etwa nicht?«, fragte Harald mehr aus Höflichkeit, während er die handgeschriebene Tafel studierte und zwischen Currywurst mit Pommes rot-weiß und Bratwurst mit derselben Beilage hin- und herschwankte.

»Ich bin Vegetarierin«, erklärte Sylvia und schaute angeekelt zu dem Wagen.

»Ich nicht«, sagte Harald mit fester Stimme und bestellte die Bratwurst.

»Haben Sie auch Salat?«, fragte Sylvia den zentnerschweren Betreiber des Grillstands. Der Mann, etwa 1,60 Meter groß und mit Restbeständen grauen Haares gesegnet, schaute sie verständnislos an und schnalzte dann nur: »Nee.« Sylvias Gesichtsfarbe wechselte von blassgrau nach hellrosa.

»Geben Sie bitte auch noch ein Bier«, verlangte Harald.

Das war der Satz zu viel. Sylvia funkelte Harald an, in ihrem Blick lag Mordlust. Dann brüllte sie los: »Das mache ich nicht mehr mit, du widerwärtiges Scheusal! Erst entführst du mich auf diese elend lange Höllentour, dann ferkelst du dich voll, fährst in den nächstbesten Pfingststau, und jetzt willst du besoffen Auto fahren.« Ihre Wangen glühten. In ihren Augen standen Tränen.

»Es ist doch nur … eine Flasche Bier«, stammelte Harald betroffen, doch es war zu spät. Sylvia machte auf dem Absatz kehrt und rief in die neugierig lauschende Menge: »Wer fährt mich zum nächsten Bahnhof? Ich bleibe keine Minute mehr bei diesem Typen!«

Ein drahtiger Landbursche, der Sylvia schon die ganze

Zeit ziemlich unverhohlen auf den Po gesehen hatte, meldete sich: »Klar fahr ich dich.«

Sylvia strahlte den muskelbepackten Mann an. »Oh, danke, ich hole nur noch die Koffer von diesem Versager.« Sie zeigte auf Harald, der bewegungslos mit einer erkaltenden Bratwurst in der Hand an dem Grillwagen stand.

»Na los, hilf mal der Lady«, fuhr ihn der Landbursche an.

Wie in Trance legte Harald die Wurst beiseite und ging an den Kofferraum. Wieder wuchtete er die Koffer aus dem Wagen, während ihm der Muskelprotz verächtlich zusah. Die Wirbelsäule war taub. Dann nahm der Bauer die Koffer in die Hand – überraschenderweise konnte er alle drei Gepäckstücke auf einmal anheben und verstaute sie in dem Anhänger seines Traktors. Ohne ihn noch eines Blickes zu würdigen, hangelte sich Sylvia auf den Beifahrersitz. Trotz aller Demütigungen schaute Harald wehmütig ihrem beschmierten Schoko-Hinterteil nach und dachte, dass alles so nett hätte werden können, wenn ihre Vorderseite nicht sprechen würde.

Da es nun keinen Grund mehr gab, nach Paris zu reisen, trank Harald unter den schadenfrohen Blicken der übrigen Grillstandgäste sein Bier aus und kehrte dann um. Mehrere Stunden fuhr er apathisch über die A2 zurück. In der Abenddämmerung erreichte er schließlich Berlin. Als er den Europarc Dreilinden passierte, erblickte er ein riesiges Transparent. Darauf warb eine bekannte Billigairline mit der Aufschrift »Berlin–Paris in einer Stunde, 29 € – inklusive Frühstück und Steuern«.

»Was ist das für eine Welt?«, dachte Harald verzweifelt.

Psychotest

Sind Sie ein guter Beifahrer?

FRAGE 1:

Sie fahren mit Ihrem Partner auf der linken Spur durch eine lange Baustelle. Die Fahrbahn hat eine gefühlte Breite von 1,80 Meter, rechts fahren Kolonnen litauischer Lastwagen. Der LKW vor Ihnen schlingert bedenklich und schwenkt permanent auf Ihre Fahrspur, dennoch macht Ihr Partner keine Anstalten, vom Gas zu gehen. Wie reagieren Sie?

a) Ich schreie: »Pass doch auf!« und greife sofort ins Lenkrad.

b) Ich protestiere leise, flüstere fast unhörbar (aber eben nur fast) ein Vaterunser und denke fest an die vielen Fahrten zuvor, bei denen letztlich auch nie etwas passiert ist.

c) Ich öffne noch eine Tüte Chips und schaue träge nach vorne. Was war jetzt noch gleich das Problem?

FRAGE 2:

Das Navigationsgerät ist ausgefallen, und Ihr Partner ist nun ausgerechnet auf Ihre Pfadfinderkünste angewiesen, die Sie verkrampft an einer Karte mit Spezialfaltung testen. Nach mehr als einer Stunde Irrfahrt kommen Ihrem Partner langsam schwere Zweifel an Ihrer diesbezüglichen Qualifikation. Er hält mit Warnblinklicht mitten auf der Straße, reißt Ihnen die Karte aus der Hand und brüllt los: »Wie kann man nur so unfähig sein? In der Sahara wären wir schon längst tot!« Wie reagieren Sie?

a) Ich brülle zurück, dass er zu blöd war, das Navi zu reparieren und im Übrigen diese Scheißkarte von 1982 sei (auch wenn das nun wirklich gar nicht stimmt).

b) Ich schlage vor, einen Einheimischen zu fragen, und wenn dann meinem Partner die Panik ins Gesicht steigt, biete ich mich selbstverständlich an, diese Aufgabe zu übernehmen.

c) Ich frage, ob wir noch Bier im Kofferraum haben, und wende mich dann meinem Gameboy zu. Diese blöde Faltkarte war eh uncool.

FRAGE 3:

Sie fahren auf der A2, als plötzlich der Verkehrsfunk einen Stau zwischen Rehren und Bad Eilsen meldet. Sogleich entbrennt Streit darüber. Zum einen, ob Sie da schon vorbeigekommen sind, zum anderen in welcher Richtung die Störung vorliegt. Wie geht es dann weiter?

a) Ich bin fest davon überzeugt, dass der Stau vor uns liegt, ich habe doch schließlich meinen Verstand. Und ich sage das auch deutlich.

b) Ich bin weitgehend überzeugt, dass der Stau vor uns liegt, traue mich aber nicht, etwas zu sagen, weil ich mich ja doch irren könnte. Daher manipuliere ich das Navigationsgerät so, dass es uns an der nächsten Ausfahrt von der Autobahn runterlotst. Sicher ist sicher.

c) Ich blinzle mit dem linken Auge ein wenig, murmle »Sind wir schon da?« und nicke dann aber sofort schnarchend wieder ein. Den wohlverdienten Mittagschlaf kann man schließlich gerade in einem Stau ganz hervorragend genießen.

FRAGE 4:

Auf einer langen Urlaubsfahrt fährt Ihr Partner verbissen 120 Stundenkilometer, obwohl die dreispurige Autobahn weitgehend frei ist. Wie weisen Sie Ihren Partner darauf hin, dass man hier Ihrer Meinung nach auch locker 190 fahren könnte?

a) »Deine Trödelei ist ja fürchterlich, da sind wir übermorgen noch nicht bei Onkel Jonas.«

b) »Hui, Schatz, hast du den Schwertransporter gesehen, der gerade an uns vorbeihuschte?«

c) »Hatten wir nicht noch eine Tüte Erdnussflips?«

FRAGE 5:

Ihr Partner fährt eine längere Strecke geradewegs auf eine Lichtzeichenanlage zu. Da die Ampel schon eine ganze Weile Grün zeigt, besteht die Gefahr, dass sie demnächst auf Rot umschaltet. Während Sie jetzt Gas geben würden, um auf jeden Fall noch in der Grünphase durchzukommen, verlangsamt Ihr Partner. Wie handeln Sie?

a) Ich gebe Vollgas – und zwar mit dem Zweitgaspedal, das ich mir heimlich habe einbauen lassen.

b) Ich schlage ein lustiges Spielchen vor. Wenn es meinem Partner gelingt, innerhalb einer halben Stunde zehn solcher Ampeln noch gerade zu passieren, schenke ich ihm etwas Schönes.

c) Ich freue mich, dass wir anhalten werden, da kann ich gleich mal den ganzen Müll auf die Straße werfen.

AUSWERTUNG

Überwiegend a): Der Alptraum

Ganz ehrlich, Sie fahren besser selbst oder allein. Das ergibt sich schon aus medizinischen Überlegungen. Denn nach einem »Horrortrip« beziehungsweise einer ganz normalen Fahrt auf dem Beifahrersitz (da gibt es aus Ihrer Sicht wenig Unterschiede) fühlen Sie neben lebensbedrohlichem Bluthochdruck und schlimmstem Herzrasen auch Atemnot und Magen-Darm-Störungen. Ist es das wert?

Überwiegend b): Der (scheinbar) Konstruktive

Sie fahren lieber selbst, geben es aber nicht zu. Eher versuchen Sie mit Partisanen-Taktik, Ihren Partner zur Aufgabe der Fahrerposition zu bewegen. Dabei schrecken Sie nicht vor scheinbar harmlosen, in Wirklichkeit jedoch heimtückischen Bemerkungen zurück – bis hin zur Vorspiegelung technischer Defekte, die angeblich den Fahrer gefährden könnten. »Das will ich dir nicht zumuten«, heucheln Sie dann – während Sie später dem verdutzten, aber auch irgendwie beeindruckten Partner das Lenkrad aus der Hand nehmen. Sie setzen Ihre Ziele also hintenherum durch, statt mit offenem Visier zu kämpfen. Das ist verabscheuungswürdiger als die gepflegte Cholerik des Typs a). Pfui!

Überwiegend c): Der Phlegmatiker

Sie haben sich auch im häuslichen Umfeld auf die passive Rolle eingestellt. Nach tatsächlichen oder gefühlten 20 und mehr Ehejahren haben Sie nämlich die Grundregeln des gemeinschaftlichen Glücks längst begriffen: Die Ohren auf Durchzug stellen, dem Partner immer Recht geben und ansonsten den schönen Dingen des Lebens frönen (worunter Sie zum gelegentlichen Missfallen Ihres »Schatzes« Bier, Chips, Computerspiele oder wahlweise Horrorvideos verstehen). Ob das mit den idealistischen Vorstellungen einer auf Gleichberechtigung, gegenseitigem Respekt und lebenslangem »Aneinander-Reiben-und-Wachsen« basierenden Beziehung konform geht, sei dahingestellt. Aber als Beifahrer sind Sie einfach unübertroffen. Prost!

Wenn möglich, bitte wenden
Warum ein Navigationsgerät
Ihr Leben verändert

Haben Sie sich schon einmal gefragt, was wir eigentlich ohne so manche Errungenschaft unserer technischen Zivilisation wären? Wenn nicht, dann stellen Sie sich doch einfach einmal auf Ihrer nächsten Autofahrt vor, es gäbe keine Navigationsgeräte und keine Handys. Und irgendein Witzbold hätte auf der Autobahn Ihres Vertrauens über Nacht sämtliche Hinweis- und Ortsschilder abgeschraubt …

Es war Dienstagmorgen, und es goss wie aus Kübeln. Vergeblich versuchte Harald in dem viel zu engen Badezimmer eines Bremer Hotels, sich gleichzeitig die Zähne zu putzen und die Krawatte zu binden, was damit endete, dass die Krawatte nur etwa den Brustkorb abdeckte und nun obendrein mit Zahnpastaflecken besprenkelt war. Fluchend wühlte Harald in seinem Koffer, stellte fest, dass keiner der mitgenommenen Binder zu seinem braunen Hemd passte, zog hastig das Hemd aus, wobei ein Knopf absprang, wählte das letzte weiße Hemd und eine andere Krawatte – und eilte schließlich wie immer viel zu spät und ohne Frühstück aus dem Hotel.

Aus Geiz hatte er gestern den hoteleigenen Parkplatz verweigert und stattdessen seinen Wagen in einer 500 Meter entfernten Seitenstraße abgestellt. Gestern hatte die Sonne geschienen. Heute zog Harald im Laufschritt seine Jacke über, schüttelte sich immer wieder wegen des starken Regens, erreichte endlich den Wagen, drückte auf den elektronischen Türöffner, der aber blöderweise erst beim fünften Mal funktionierte, und schmiss sich schließlich klitschnass und durchweicht in den Fahrersitz. Noch während er den Schlüssel in das Schloss steckte – an die Platzierung unter dem Sonnenschutz würde er sich wohl nie gewöhnen –, bemerkte er seine alte Freundin, die Sonne, die im Display wütend vor sich hin blinkte. Kaum hatte der Schlüssel Kontakt, vernahm Harald schon ihre Stimme: »Guten Tag, hier ist das Fahrerinformationssystem. Bitte schließen Sie die Navigation an.«

Harald stutzte. »Wieso …?«, murmelte er, da fiel sein Blick auf ein klaffendes Loch unterhalb der Mittelarmatur. Dort, wo sonst das Display seines eingebauten Luxus-Navigationssystems leuchtete, ragten lediglich bunte Drähte aus einer Vertiefung. Harald starrte den Hohlraum an. Jemand hatte das Gerät gestohlen.

»Bitte schließen Sie die Navigation an«, wiederholte die Sonne.

»Wie denn, Nervensäge«, bellte Harald und öffnete vorsichtig die Fahrertür. Sofort flutete der starke Regen den halben Fahrersitz, und Haralds Hose wurde noch nasser. Dennoch sprang Harald hinaus, um zu sehen, ob die Einbrecher irgendwelche Spuren hinterlassen hatten. Das Wasser lief ihm durchs Gesicht, er wischte sich über die Augen, da erkannte er endlich, was die Diebe angestellt hatten: Das Schloss der Fahrertür war kreisrund ausgebohrt. Harald warf sich zurück in den inzwischen völlig durchfeuchteten Fahrersitz. Das war ja eine Katastrophe, ohne Navigation würde er die ganze Woche orientierungslos durch Deutschland irren und versuchen, den jeweiligen Zielpunkt mit veralteten Karten oder mittels der Befragung inkompetenter Mitbürger zu finden, ein erwartungsgemäß aussichtsloses Unterfangen.

»Wozu habe ich eigentlich eine teure Alarmanlage?«, fragte er sich und sah dann, dass die Alarmanlage ebenfalls gestohlen war. Harald tippte nervös die 110 in sein Handy. Nachdem er hastig sein Problem geschildert hatte, teilte ihm die gelangweilte Stimme eines diensthabenden Polizisten mit, er solle zum einen schleunigst die Leitung freimachen, die sei schließlich für echte Notfälle reserviert. Und zum anderen solle er zur Wache in der Egmontstraße 39 kommen.

»Wo ist das denn?«, wollte Harald wissen.

»Geben Sie die Adresse doch einfach in Ihr Navi ein«, schnarrte die Stimme und legte auf.

»Irre komisch«, meinte Harald, der eigentlich gegen Mittag in Bonn sein wollte, wo er zum Mittagessen mit einer alten Freundin verabredet war. Nachmittags hatte er dann einen Verkaufstermin. Er blickte hinaus. Draußen tobte noch immer der wohl seit mehreren Monaten schlimmste Regen, niemand war zu sehen, der ihm helfen konnte. Schließlich fand er einen Taxifahrer, der ihn – natürlich gegen ein saftiges Honorar, das höher ausfiel als die eingesparten Kosten des Hotelparkplatzes – zu besagter Polizeiwache lotste.

Harald hatte Glück, direkt vor der Polizeistation machte gerade ein brauner Mazda einen der wenigen Kurzzeitparkplätze frei. Erneut lief Harald durch den Regen zur Eingangstür, die nicht überdacht war, wie er fluchend feststellte. Er drückte gegen das Portal, aber die Tür war verschlossen. Der

Regen verstärkte sich gerade wieder. Harald hämmerte gegen den Klingelknopf.

»Polizei. Was ist Ihr Anliegen?«, schnarrte es aus dem kleinen Lautsprecher über der Klingel.

»Ich will einen Diebstahl melden«, rief Harald.

»Können Sie ungefähr den Sachschaden beziffern?«, fragte der Lautsprecher.

Ein Blitz zuckte über den Himmel, der Regen lief Harald übers Gesicht. »Können Sie mich bitte erst einmal reinlassen?«, schrie Harald, »es schüttet hier draußen wie verrückt.«

Der Lautsprecher blieb gnadenlos: »Ich muss mir erst ein Bild von dem Vorgang machen, damit ich Sie zu dem richtigen Kollegen schicken kann.«

Es donnerte. »Das können Sie doch auch drinnen tun«, schlug Harald vor, der das Gefühl hatte, mit Klamotten am Körper unter einer Dusche zu stehen.

»Wir haben unsere Vorschriften«, erwiderte der Sprecher, »was denken Sie jetzt, wie hoch der Schaden ist?«

Es hatte keinen Sinn, weiter zu diskutieren. »5000 Euro«, sagte Harald ins Blaue hinein. »Können Sie morgen wiederkommen? Wir sind derzeit stark ausgelastet.«

»Ich bin nicht von hier«, keuchte Harald.

»Ausländer?«

»Nein, aus Berlin, und ich hab's eilig.«

Die Tür sprang auf, und Harald huschte hinein. Hinter der Tür lag ein schmuckloser Flur. Links und rechts waren jeweils vier orangefarbene Plastikstühle an die Wand geschraubt. Er wollte weitergehen, kam jedoch nur bis zu einer wiederum verschlossenen Zwischentür. Durch eine Glasscheibe in der Wand schaute ein älterer Beamter ausdruckslos von der Lektüre einer Boulevardzeitung hoch: »Worum geht es?«

»Ich möchte einen Diebstahl melden.«

»Was ist denn abhandengekommen?«

»Mein Navigationssystem.«

»Mmm, ich sage Ihnen Bescheid, nehmen Sie Platz«, murmelte der Polizist und gab sich keine Mühe, sein Desinteresse zu verbergen. Er wandte sich augenblicklich wieder der Zeitung zu. Harald setzte sich tropfend auf einen der extrem unbequemen Stühle.

Eine halbe Stunde später, sein rechter Fuß war inzwischen eingeschlafen, hob der Beamte wieder seinen Kopf und meinte: »Sie können jetzt reingehen. Erster Stock, Zimmer E 123.« Harald hinkte die Treppe hinauf und schaute sich hilfesuchend um. Es gab keine Wegweiser. Zwei Mitarbeiter, die er ansprach, um nach dem Zimmer zu fragen, gingen wortlos weiter. Harald schritt die einzelnen Zimmer ab, wobei er bemerkte, dass die Zahlen auf den praktischerweise auf Bauchnabelhöhe befestigten Türschildern weder auf- noch absteigend, sondern völlig wahllos angebracht waren. An der siebten Tür wurde er endlich fündig: E 123 stand da in abgeschabten Kleinstbuchstaben auf einem notdürftig angeklebten Schildchen. Als Harald aufblickte, schaute er in die grauen Augen einer sehr beleibten Frau mit zweifarbig gefärbtem Haar, die ihn misstrauisch anschaute. »Suchen Sie was?«, fragte sie mit belegter Stimme.

»Ja, vermutlich Sie, jedenfalls wenn Sie hier im Zimmer E 123 arbeiten«, antwortete Harald.

Die Frau schaute ihn noch undurchdringlicher an. »Um was geht es denn?«, wollte sie halb interessiert wissen.

»Mein Auto ist aufgebrochen worden!«, sagte Harald und gab sich Mühe, einen dramatischen Unterton in seine Stimme zu legen, »direkt vor meinem Hotel!«

»Ach?«, gab die Beamtin zurück, drehte sich wortlos um und wälzte sich zu ihrem Schreibtisch zurück. In Ermangelung einer Aufforderung lud Harald sich selbst ein, auf dem einzigen Stuhl, einem wackeligen Schemel, vor dem über und über mit Akten und Papieren bedeckten Schreibtisch der Dame Platz zu nehmen. Die Frau wühlte in einem Stoß Papier, fand aber was immer sie suchte nicht, was sie wiederum mit einem missmutigen Grunzen kommentierte. Harald fühlte sich überflüssig und beschloss, einfach seine Geschichte zu erzählen. Bestimmt würde dieser barbarische Akt gegen sein Privateigentum die Polizistin jäh aus ihrer Lethargie reißen.

»Also, es war so. Ich kam heute Morgen, das muss so gegen halb neun gewesen sein, zu meinem Auto, und ich dachte mir erst gar nichts, weil beim Öffnen des Wagens …«

»Ach, da ist es ja«, unterbrach die Beamtin und zeigte zum ersten Mal eine Spur von Emotion. Sie angelte ein mehrseitiges Formular aus einem Ablagestapel und reichte Harald das Papier hinüber. »Einfach Name, Kennzeichen und Straße eintragen, das war's dann schon«, sagte sie.

Harald starrte die Beamtin an. Das war im »Tatort« aber immer ganz anders. »Wollen Sie denn gar nichts unternehmen? Die Täter könnten schon über alle Berge sein, aber mit einer schnell eingeleiteten Fahndung …« Harald schaute die Frau erwartungsvoll an. Sie blickte ihm direkt in die Augen, dann antwortete sie: »Oh, natürlich, wir haben bereits das SEK und die Spurensicherung losgeschickt. An den Ausfallstraßen wurden Straßensperren eingerichtet, die Bundespolizei an den Flughäfen und Bahnhöfen ist informiert.«

»Äh, naja«, stotterte Harald, der mit so viel Einsatz der geballten Staatsmacht gar nicht gerechnet hatte. Aber das war eben der Vorteil eines Landes wie Deutschland, wo man als Bürger sicher leben konnte und der Staat sich um die Einhaltung der Gesetze kümmerte.

»Benötigen Sie eine genaue Beschreibung des Gerätes?«, fragte Harald beflissen.

»War 'n Scherz«, knurrte die Beamtin und schraubte ein Glas »Kaffeeweißer« auf, aus dem sie anschließend im Zeitlupentempo einen Teelöffel voll Pulver nahm und langsam in ihrem Kaffeebecher verrührte. »Sie sind heute schon der zwölfte. Und gestern waren es über 20. Füllen Sie doch bitte endlich das Formular aus, dann kann ich den Vorgang abschließen.«

Total enttäuscht starrte Harald die Vertreterin der Staatsgewalt an. Schließlich nahm er den angebotenen Stift und schaute das fragliche Papier an. Zu seiner Verwunderung musste er feststellen, dass die meisten Felder bereits maschinell ausgefüllt waren, darunter auch das für den »Tathergang«.

»Hören Sie, das kann doch gar nicht sein, Sie wissen doch gar nichts über den Einbruch, wie kann denn dann hier alles schon vorformuliert sein«, protestierte Harald.

»Ach, nun kommen Sie, das benötigen wir lediglich für die Versicherung«, schnalzte die Polizistin.

»Wollen Sie den Wagen gar nicht ansehen?«

Die Beamtin schaute missmutig aus dem Fenster, wo gerade eine neue Ladung Regen zu Boden ging. »Was soll ich da sehen?«, fragte sie.

»Einbruchsspuren, Hinweise auf den tatsächlichen Verlauf der Tat?«, versuchte Harald ihr auf die Sprünge zu helfen.

Die Frau schaute wieder nach draußen. »Es regnet«, meinte sie lapidar. »Können wir das hier jetzt abschließen? Ich habe gleich meine Frühstückspause.«

Kopfschüttelnd schrieb Harald seine Automarke, das Kennzeichen und seinen Namen sowie seine Anschrift in das Formular und reichte es wortlos der Polizistin. Gerade fiel ihm ein, dass sein Frühstück im Gegensatz zu dem der Beamtin ausgefallen war.

»Danke, ich stelle jetzt das Verfahren mangels ausreichender Hinweise ein«, gab die Frau bekannt. Mit großer Wucht haute sie einen Stempel auf den zweiten Durchschlag des Papieres und reichte ihn Harald. »Für Ihre Versicherung!«

Er knüllte das Formular zusammen und warf es in den neben seinem Schemel stehenden Papierkorb. »Vielen Dank, aber ich habe 2000 Euro Selbstbeteiligung je Schaden«, sagte er wütend und stand auf.

»Tja ...«, meinte die Beleibte und versenkte ihren Blick in dem Aktenchaos. Grußlos verließ Harald das Zimmer.

Nach einer längeren Irrfahrt durch die unter Wasser stehende Bremer Innenstadt entdeckte Harald einen größeren Multimediahandel. Es regnete immer noch in Strömen, als er quer über den Parkplatz lief. Freie Plätze hatte es natürlich nur am äußersten Rand gegeben. Eine Wasserspur hinter sich herziehend durchquerte Harald den Fachmarkt, bis er in die Abteilung »Autoelektronik« kam. Eine komplette Regalwand war dem Thema »Navigation« gewidmet. Harald atmete tief durch. Wie sollte er sich in diesem Dschungel zurechtfinden? Hilflos schaute er an den Schildern entlang. Welches war das passende Gerät? Vielleicht »Goldroute 6000«, mit eingebauter Wetterprognostik und »RPS-Streckenoptimierung«? Harald schluckte. Die Goldroute kostete 899 Euro. Für 499 Euro bekam man dagegen den »NaviGator 5.0 Steel Edition« mit tagesaktueller Streckenführung – auch in Asien und Südamerika. Harald plante keine Asienreise im Epremo und wandte sich daher dem nächsten Gerät zu. »OptiRoute« kostete lediglich 259 Euro und war angeblich »kompatibel mit allen führenden Automarken«. Harald fragte sich, ob sein Epremo wohl auch dazuzählte. Der »Distance Viewer« der Firma »Target Shot« aus Schwelm gab ihm dagegen nur noch Rätsel auf. Er hatte PCM, Power DBB, X3-Kompatibilität und R2C. »Aha«, nickte Harald, der kein Wort verstand.

Hilfesuchend schaute er sich nach einem Fachmann um. Niemand in Verkäuferkleidung war zu sehen bis auf die sechs Herren, die allesamt an einem Handystand am anderen Ende der Verkaufsfläche bedienten. Harald ging schnellen Schrittes durch den Laden, um die Verkäufer anzusprechen. Alle Fachmänner waren in Verkaufsgespräche mit Interessenten für Handyverträge, Handyzubehör und andere Dienstleistungen rund um das Mobiltelefon vertieft. Niemand beachtete ihn. Als schließlich einer der Mitarbeiter mitten durch ihn hindurchsah und einen hinter ihm Stehenden nach seinen Handywünschen fragte, platzte Harald der Kragen. »Hallo, kann mir vielleicht mal jemand bei den Navis helfen?«, rief er in das Handygebrabbel hinein. Ein dürrer Angestellter mit schütterem Haar sah kurz und genervt über seine Goldrandbrille hinweg und meinte dann mit einer vagen Handbewegung: »Fragen Sie da hinten.« Dann wandte er sich freundlich einer Dame zu, die offenbar einen Handyvertrag abschließen wollte.

Harald hatte gute Lust, den Laden umgehend zu verlassen, aber er brauchte dieses Navigationsgerät. Frustriert ging er zu dem Regal zurück, als er zwei Reihen weiter einen pickligen Jungen in einem Kittel des Elektronikmarktes entdeckte. Es handelte sich offenbar um den Praktikanten, der noch nicht am Handyschalter bedienen durfte, jedenfalls hantierte er mit leeren Kartons herum. Das war die Chance! »Hallo, können Sie mir helfen?«, rief Harald und setzte zum Galopp an. Der Junge schaute entsetzt auf und machte noch einen verzweifelten Fluchtversuch, doch da stand Harald auch schon neben ihm. »Ich benötige ein Navigationssystem«, sagte er.

Der Picklige deutete auf den Nachbargang: »Da drüben stehen die.«

»Ja, das habe ich selbst schon bemerkt, aber ich habe Probleme, das richtige zu finden. Vielleicht können Sie mir helfen?«, flötete Harald, während er gleichzeitig die Zähne zusammenpresste. Missmutig trödelte der Verkaufspraktikant mit Harald zum Nachbarregal, mit Hilfe von Seitenblicken versuchte er bereits einen potenziellen Fluchtweg abzuschätzen. »So hier«, meinte er und drehte sich um.

»Ah ja, was können Sie denn empfehlen?«, fragte Harald und verspürte große Lust, den Mann zu schütteln.

»Welches Gerät suchen Sie denn?«

»Wenn ich das wüsste, müsste ich nicht fragen«, zischte Harald.

»Am meisten verkaufen wir den ›Streetfinder‹ von Molex«, nuschelte der Praktikant. »Steht hier. Sehr gute Verarbeitung und drei Jahre Garantie.«

Harald sah entsetzt das Preisschild zu 1099 Euro und verschluckte sich fast. Er fummelte an dem Schild herum, um zu sehen, ob er sich vielleicht geirrt hatte. Ein Fehler, denn als er wieder aufsah, war der Knabe verschwunden. Zornig blickte Harald durch den Verkaufsraum, aber offenbar hatte sich der junge Mann geduckt durch die angrenzenden Gänge weggeschlichen. »Die wollen es so«, schrie Harald, »die wollen es so, die wollen es so!« Ein Ehepaar, das gerade die Autofernseher bewunderte, schaute ihn verwirrt an. Harald atmete laut aus, dann ließ er seinen Blick an dem Regal entlangschweifen, bis er schließlich auf ein bestimmtes Schild fiel: »Preisknüller, 79,99 €«, las er. »Das nehme ich, da verdienen die hoffentlich keinen Cent dran«, stieß er zwischen den Zähnen hervor und griff zu seinem neuen »Olga 2000«.

»Da ist aber keine Garantie drauf«, herrschte ihn die Frau an der Kasse an und verweigerte aus demselben Grund auch die Zahlung per Kreditkarte, was Harald nicht ganz einleuchtete. Während die Kassiererin misstrauisch seine Geldscheine unter einen Ultraviolettscanner hielt, packte er seine »Olga« zärtlich in eine der bereitliegenden Plastiktüten.

»Quittung?«, herrschte ihn die Frau an.

»Brauche ich nicht«, befand Harald großmütig und beeilte sich, zurück zu dem immer noch unter Dauerberieselung stehenden Parkplatz zu kommen. Nachdem er sich erneut durchnässt ins Auto geschmissen hatte, kamen ihm erste Zweifel an seiner Kaufentscheidung. Die im Lieferumfang inbegriffene Halterung wollte partout nicht so an der

Scheibe halten, wie es in der 28-sprachigen Bedienungsanleitung etwas umständlich aufgezeichnet war. Die Saugnäpfe machten nur müde »flapp«, und das Zubehörteil fiel auch nach dem achten Anklebeversuch (mit Spucke) wieder auf den Beifahrersitz.

»In Ordnung«, beschied Harald gutmütig, »Hauptsache, es funktioniert.« In der Packung lagen zwei Stromkabel. Eins zum Laden des Akkus an der Steckdose und eins, das offenbar in den Zigarettenanzünder gesteckt werden konnte. Allerdings nicht in einen deutschen Normanzünder, wie Harald konsterniert feststellte. Der Kontakt war viel zu dick, er passte einfach nicht in die Vertiefung. Gut, die Akkus würden ja eine Weile halten, und heute Abend im Hotel in Bonn könnte er das Ding wieder aufladen. Er blätterte durch die Bedienungsanleitung, es sah alles irgendwie sehr kompliziert aus. Jetzt bemerkte Harald, dass er großen Hunger hatte, schließlich war das Frühstück ausgefallen. Er fühlte sich zittrig. Getrunken hatte er auch nichts. Er musste erst einmal etwas zu sich nehmen. Mit Bauchgrummeln verließ er den Parkplatz und fuhr die Hauptstraße hinunter.

Glücklicherweise entdeckte er wenige Minuten später die Leuchtreklame einer Schnellrestaurantkette und bog ab. Wie immer in letzter Zeit war auch auf diesem Parkplatz die Hölle los. Für Harald blieb lediglich ein Platz im LKW-Bereich. Als er zehn Minuten später mit einem Kaffee, zwei Croissants und einem Burger wiederkam, hatte es endlich aufgehört zu regnen. Stattdessen brannte mit einem Male die Sonne, und aus den Pfützen begann feuchte Luft zu verdampfen. Trotz allem irgendwie glücklich setzte sich Harald mit seiner Beute auf den Fahrersitz. Die Tür ließ er offen stehen, weil die schwül-warme Luft bereits in den Wagen eingedrungen war und er wenigstens etwas Wind spüren wollte. Nach drei Bissen in den Burger und einem großen Schluck Kaffee ging es ihm deutlich besser, und er wandte sich wieder Olga zu. Die Bedienungsanleitung verwirrte ihn nur, er legte sie schnell beiseite. Solche Geräte waren ohnehin meist besser intuitiv zu bedienen.

Olga 2000 war nicht viel größer als sein Organizer und musste mittels eines Stiftes über ein Touchscreenmenü bedient werden. Harald tippte auf den »On«-Button.

»Miredita!«, sagte das System.

»Äh, naja …«, stotterte Harald.

»A me kuptoni?«

»Nein, ich meine, keine Ahnung.«

»Perseritni ju lutem!«, befahl Olga.

»Das Teil ist ja schlimmer als die blöde Sonne«, murmelte Harald. Offenbar war Olga auf eine andere Sprache eingestellt. Das Dumme war nur, dass auch die Menüführung ausländisch – und zwar sehr ausländisch – war und Harald damit auch keinen Anhaltspunkt fand, wo und wie man die Spracheinstellungen ändern konnte. Wahllos tippte er auf dem Gerät herum.

»Ku je ti?«, fragte Olga.

»Leck mich«, fluchte Harald und verwünschte diesen Tag. Auf einmal mischte sich von der Seite eine tiefe Stimme ein: »Tungjatjeta«, schallte es herzlich in Haralds Ohr, und dann schaute auch schon ein dunkelhaariges, bartstoppeliges, aber nicht unfreundliches Männergesicht in den Epremo.

»Was? Äh … Ich kaufe nichts«, beeilte sich Harald zu sagen.

»Gjerman?«, fragte der Mann jetzt etwas sachlicher. »Du Deutscher?«

»Ja, und Sie?«

»Shqiptari. Albaner, verstähn?«, sagte der Mann.

Nach einigem Hin und Her stellte sich heraus, dass der Albaner gerade in den Lastwagen neben Haralds Epremo steigen wollte, als er die vertrauten Klänge seiner Heimatsprache hörte und dachte, er habe einen Landsmann getroffen. Olga sprach also albanisch. Gemeinsam mit dem Lastwagenfahrer, der sich wortreich als Ismail aus Lidice vorstellte, gelang es Harald schließlich, Olga auf Deutsch umzustellen. Harald bedankte sich überschwänglich, schenkte Ismail sein letztes Croissant und begann nun endlich, nachdem er Stunden vertrödelt hatte, die Route nach Bonn Bad Godesberg einzugeben. Bis zum »Bad« ging alles gut, aber dann rutschte ihm leider der kleine Stift aus der Hand und glitt zwischen Fahrersitz und Schaltkonsole. Harald äugte angestrengt in die Ritze. Er konnte das winzige Stäbchen genau sehen, doch leider lag es so ungünstig, dass er es weder mit seinen Fingern noch mit einem Kugelschreiber zu fassen bekam. Den Rest musste er also mit dem Kuli eintippen, was sich als schwierig erwies. Der Kugelschreiber vertrug sich nicht so recht mit der Geräteoberfläche, außerdem war die Spitze zu dick. Es blieb Harald nichts anderes übrig, als die Mine auszufahren. Nun beschmierte der Stift natürlich die Oberfläche von Olga, doch es half ja nichts. Schließlich blinkte der Ortsname, und er konnte auf einen Haken tippen.

Jetzt sollte er noch die Straße eingeben. »Bergstraße«, hatte sich Harald für den Termin notiert, den er nur mit Not würde schaffen können. Sein Mittagessen war ohnehin geplatzt, aber das war ein anderes Problem, er würde gleich von unterwegs bei Maria anrufen. Als er die Straße in das Gerät hineingetippt und geschmiert hatte, zeigte Olga gleich drei Bergstraßen, ohne jede Erläuterung irgendeines Unterschiedes. Harald tippte auf die mittlere, und das Navi gab einen Glockenton von sich, dann drehte sich eine digitale Sanduhr immerzu im Kreis. »Route berechnet«, krächzte Olga schließlich. »Demnächst links.« Das waren vertraute Klänge! Harald legte Olga auf den Beifahrersitz, wobei er stirnrunzelnd bemerkte, dass er so das Display nicht lesen konnte. Da aber die Sache mit der Halterung nicht geklappt hatte, fiel ihm nun erst einmal auch keine andere Lösung ein. Leise ließ er den Epremo vom Parkplatz gleiten und reihte sich in den Bremer Stadtverkehr ein.

»Jetzt links«, »demnächst rechts«, »in 200 Metern im Kreisverkehr die dritte Ausfahrt nehmen«. Olga kommandierte Harald durch die Stadt, schließlich fuhr er auf die A1. Während Harald seinen Kaffee genoss, schaute er aus dem Fenster. Der Wagen schnurrte. »Hamburg 107 km«, stand auf einem der Hinweisschilder. »Das gibt's doch nicht«, brüllte Harald. »Das ist doch die falsche Richtung!« Er packte das Navigationsgerät und starrte auf das Display. Es zeigte einen Richtungspfeil und unlesbare, schimmernde Digitalschrift. Olga hatte sich irgendwann in den letzten Minuten einfach aufgehängt. Fluchend steuerte Harald den nächsten Parkplatz an. Er drückte erst die »Off-«, dann wieder die »On«-Taste. »Miredita!«, rief Olga euphorisch. »Oh nein, das Ding spricht wieder Albanisch«, flüsterte Harald. Krampfhaft versuchte er sich zu erinnern, welche Menüfolge Ismail gewählt hatte, um das Gerät auf Deutsch umzustellen. Im dritten Anlauf gelang es. Erneut musste Harald mit dem immer stärker schmierenden Kugelschreiber die Adresse eingeben. Diesmal entschied er sich für die erste Bergstraße. »Wenn möglich, bitte wenden«, krächzte Olga. »Ach nee?«, ätzte Harald zurück.

An der nächsten Ausfahrt drehte Harald und fuhr die A1 wieder Richtung Bremen zurück. Nach einigen Kilometern kam er an einer blauen Fabrik vorbei, auf deren Frontseite einige überdimensionale Nager aufgemalt waren, die ihn anglotzten und auf diese Weise wohl für einen ansässigen Tiernahrungshersteller warben. Diese Viecher waren ihm bei seinen Vorbeifahrten schon des Öfteren aufgefallen und jagten ihm irgendwie jedes Mal große Angst ein. Er fragte sich, ob diese Hamster nicht genug von dem Zeug gefressen hatten, groß genug waren die jedenfalls.

Kurz danach passierte er die ebenfalls blaue Halle eines international bekannten Möbelhauses. Harald konnte nicht anders: Jedes Mal, wenn er an einer Filiale dieses Fragmentlieferanten vorbeikam, begann er instinktiv, sowohl seinem Autozubehör als auch den um ihn herumfahrenden Verkehrsteilnehmern ulkige skandinavische Kunstnamen zu geben. Die Hände am »Länkblok«, den »Blinka« nach links gesetzt, erst an diesem klüngeligen Lastwagen (»Schnarcha«) vorbei und dann an dem Ford Mondeo (»Transporta«) mit der dicken Rothaarigen (»Trampelen«), die ihm zuvor die ganze Zeit die linke Spur blockiert hatte und der er nun die Hupe (»Heulebö«) gab. Gerade als er ordentlich aufs Gas trat, scherte aber leider ein vollbesetzter litauischer Kleinbus (»Wixa«) mit 80 Stundenkilometern auf die linke Spur, so dass die Burgerreste und der halbvolle Kaffeebecher auf seinem Beifahrersitz in den Fußraum schossen und sich dort mit der Bodenmatte »Mattan« als übel riechender »Kaesen« vereinigten. Olga war ebenfalls in den Fußraum gefallen, wie durch ein Wunder aber weder abgestürzt noch eingedreckt. Spätestens jetzt fand Harald das Spiel auch gar nicht mehr lustig und konzentrierte sich lieber wieder auf das Fahren.

Die nächsten eineinhalb Stunden passierte erfreulich wenig. Harald fuhr weiter auf der A1 an Osnabrück und Münster vorbei. Olga ging es offenbar gut, sie hatte ja auch nichts Großes zu vermelden, außer dass sie ihn ostinat auf jede Geschwindigkeitsbegrenzung hinwies und auch jede Überschreitung mit den Worten »Höchstgeschwindigkeit beachten« kommentierte. Kurz vor dem Kamener Kreuz änderte sich die Situation schlagartig. »Die Route wird aufgrund von Verkehrsstörungen neu berechnet«, erläuterte Olga und schlug großzügig eine halbe Stunde auf die zuvor angezeigte Ankunftszeit auf. »Großartig, das war der Termin«, meckerte Harald. Einen Moment lang hoffte er darauf, dass dieses Billig-Navi vielleicht einem Phantomstau aufgesessen war, dann sah er leider schon viele Warnblinklichter vor sich. Harald konnte diese Blinkerei nicht ausstehen. »Die freuen sich doch förmlich drauf«, schimpfte er vor sich hin. »Die blinken den Stau herbei.« Er bremste. Es ging nur noch langsam voran. Die meisten Warnblinker wurden wieder ausgeschaltet. Nur der grüne VW Jetta vor ihm blinkte hartnäckig weiter. »Ausmachen!«, befahl Harald, aber die beiden älteren Damen konnten ihn natürlich nicht hören. Sie hatten auch – vermutlich ohne es zu wissen – ihre Nebelschlussleuchte an. Im Schritttempo kroch Harald links an dem Wagen vorbei und machte Zeichen, welche die beiden jedoch offenbar nicht verstanden. Die Fahrerin schaute streng zu Harald und schüttelte den Kopf. Harald errötete heftig und schaute sofort angestrengt nach vorne.

»An der nächsten Ausfahrt rechts abfahren und der A2 folgen«, schnarrte Olga. Harald nickte zufrieden. Zumindest hatte Olga offenbar einen Weg um den Stau herum berechnet. Da konnte man wieder sehen, dass man auch für 79,99 Qualität bekam. Er blinkte und fuhr auf die A2 in Richtung Oberhausen. Auf der Gegenfahrbahn war auch Stau. Er fragte sich, ob er hier überhaupt jemals keinen Stau gesehen hatte. »An der nächsten Ausfahrt rechts abbiegen«, unterbrach Olga seinen Gedankengang. Harald gehorchte und fuhr von der Autobahn. Olga schien durchzublicken. »In 200 Metern rechts abbiegen«, erläuterte das System. Dann schickte sie ihn über Landstraßen, Bundesstraßen, Kreisverkehre. Eine gute halbe Stunde später meldete Olga schließlich: »Nach 400 Metern links auf die A1 fahren.« Harald fuhr auf die Autobahn. Irgendwie war die Sache gerade sehr merkwürdig. Als er den Beschleunigungsstreifen erreichte, sah er das Desaster. Der Verkehr stand. Die Stelle kam ihm verdächtig bekannt vor. Einige Meter weiter hatte er Gewissheit. Olga hatte ihn an den Ausgangspunkt vor dem Kamener Kreuz zurückgelotst. Wütend griff Harald das Gerät und schüttelte es. »Du Dreckbiest, die halbe Stunde war für die Katz«, brüllte er Olga an. Ein Fehler, das Display zerkräuselte, und Olga schwieg beleidigt.

Haralds erster Reflex war, das Fenster zu öffnen und das Navigationsgerät hinauszuwerfen. Doch das wäre nur ein kurzer, billiger Triumph, beruhigte er sich schwer atmend und fummelte immer noch sehr aufgebracht an dem An- und Ausschalter herum. »Miredita!«, sagte Olga. Harald stöhnte auf. Das einzig Gute war, dass er inzwischen genau wusste, wie man Olga eindeutschte. Nachdem sie wieder betriebsbereit und diesmal mit der dritten der drei Bergstraßen gefüttert war, wollte sie ihn erneut auf die A2 schicken, doch Harald blieb aus schlechter Erfahrung stur. »Wenn möglich, bitte wenden«, plärrte die Stimme. Harald suchte den Lautstärkeregler, fand aber nichts. Der Stau schleppte sich dahin. Nach endlosen Minuten tauchte ein weiteres Autobahnkreuz auf. Auch hier wollte Olga wieder abfahren, aber Harald befürchtete Schlimmes.

Mangels einer besseren Beschäftigung – denn mit dem ursprünglichen Navigationsgerät war leider auch das Audiocenter verschwunden – nahm Harald Olga entschlossen in die Hand. Vielleicht war sie nur falsch programmiert. Da gab es doch diese Funktion »Stauumfahrung«. Harald scrollte mit dem Kugelschreiber durch die Menüs. Wegen der auslaufenden Tinte konnte er einiges schon gar nicht mehr richtig lesen. Außerdem hinterließ der Kuli Dellen in der empfindlichen Oberfläche. Schließlich glaubte Harald, die Funktion entdeckt zu haben. Er aktivierte das Feld, die Sanduhr erschien, und schließlich ertönte der Gong. »Bitte der Straße für einen Kilometer folgen«, verkündete Olga, mit Stolz in der Stimme, wie Harald es schien. Rechts oben auf dem Display blinkte jetzt eine kleine Vignette, die drei hintereinanderstehende, durchgestrichene Autos zeigte.

»Na bitte«, freute sich Harald. »Jetzt rechts«, sagte Olga.

Harald fuhr rechts raus und hätte im selben Augenblick losschreien können. Warum nur vertraute er diesem billigen

Stück Plastikmüll? Er war in eine Tankstelleneinfahrt geraten! Schimpfend fuhr er an den Tanksäulen vorbei, stutzte kurz, als er den grünen VW mit den beiden alten Tanten dort stehen sah – die Nebelschlussleuchte brannte immer noch –, und fädelte sich kurz darauf wieder in den Stau ein. Er hatte nichts gewonnen. Es ging nun eigentlich gar nicht mehr voran. Offenbar hatten sich die zuständigen Behörden für eine Vollsperrung entschieden. »Mehr als 55 Millionen PKWs sind in der Bundesrepublik Deutschland zugelassen. Und rund 90 Prozent davon fahren dienstag mittags auf der A1«, schimpfte Harald lauthals, da unterbrach ihn Olga. »In 400 Metern rechts abfahren«, verkündete die knarzende Stimme. An sich hätte Harald diese Durchsage nicht aufregend gefunden, schließlich war ja die Stauumfahrung aktiv. Seltsam war nur, dass Olga nun losfuhr, während er hier in der Vollsperrung feststeckte. Harald nahm das Gerät in die Hand. Olga bog ab. »Jetzt links«, befahl sie sich selbst, die Landkarte im Display drehte sich, und der Positionspfeil bewegte sich südlich. Wie gebannt starrte Harald auf das Navigationssystem. Olga bewegte sich offenbar mit Schallgeschwindigkeit. Jetzt fuhr sie wieder auf die A1, bewegte sich an Remscheid und Leverkusen vorbei, wechselte noch dreimal die Autobahn und bog dann mehrfach ab. Als die Vollsperrung beendet war und Harald langsam wieder Gas gab, verkündete Olga mit stolzer Stimme: »Sie haben Ihr Ziel erreicht.« Der Positionsanzeiger blinkte in der Bergstraße in Bonn, wo Harald sich definitiv nicht befand.

Er hatte die Nase vorläufig voll, deaktivierte das 79,99-Schnäppchen und beschloss, aus dem Gedächtnis bis nach Bonn zu fahren. Dort konnte er dann das Gerät anschalten, es wieder auf Deutsch umstellen, wie er sich gerade beiläufig erinnerte, und dann mit Hilfe der eigenwilligen Dame die letzten Kilometer bewältigen. Die nächsten Stunden, die er im Schritttempo über die A1 rollte, fand er es geradezu unheimlich ruhig in seinem Fahrzeug. Das Radio fehlte ihm sehr, und Olga plapperte nicht mehr die unzähligen Geschwindigkeitsbegrenzungen heraus. Er überlegte ernsthaft, ob er vielleicht die Sonne anstellen sollte, verwarf den Gedanken aber ganz schnell wieder.

Vor Remscheid wurde der alte Stau durch einen neuen abgelöst. »Die bauen hier auf drei Spuren aus«, ging ihm durch den Kopf. Dann fiel ihm ein, dass das eigentlich vor 20 Jahren auch schon so gewesen war, da bauten »die« auch bereits die Strecke aus. »Es gibt so Staus, die gehen eigentlich nie weg«, dachte Harald, und ihm fielen Orte des Schreckens wie »Köln-Löwenich«, »Maschener Kreuz«, »Kreuz Weinheim«, »Weiterstadt« oder »Wertheim/Lengfurt« ein. Der Verkehr stand. Inzwischen war es später Nachmittag. Harald hatte nach dem Date auch den geschäftlichen Termin abgesagt und auf den nächsten Morgen verschoben. »Im Grunde könnte ich auch runter von der Autobahn und über Land fahren, ich habe es eh nicht mehr eilig«, sagte er sich. Als es wieder einige Meter voranging, fasste sich Harald ein Herz und fuhr unter Protest seiner Mitreisenden über den Standstreifen zur nächsten Ausfahrt. »Wermelskirchen« stand auf dem Schild. Das hatte er auch schon mal im Radio gehört.

Am Ende der Ausfahrt stellte sich bereits die Gretchenfrage: Burg oder Wermelskirchen? Harald begann Olga trotz der kleinen Meinungsverschiedenheiten ein wenig zu vermissen, verbot sich dann aber diesen Gedanken und gab

Gas. Er bog nach Burg ab, obwohl ihm klar war, dass er eigentlich aufs Geratewohl fuhr. Gleich im ersten Ort war die Durchfahrt wegen einer Baustelle gesperrt. Harald hielt an. Sollte er die Umleitung nehmen oder doch vielleicht in die andere Richtung fahren? Unschlüssig wippte er mit den Knien und warf einen Seitenblick auf die Plastikhülle von Olga. »Gut, ein letztes Mal«, sagte er sich – und kam sich ein bisschen wie der Raucher vor, der mal wieder zur »allerletzten« Zigarette in seinem Leben greift.

»Miredita!«, sagte Olga.

»Ja, ich habe dich auch vermisst«, antwortete Harald heiser und begann mit geübter Hand die Einstellungen zu verändern und erneut die Bergstraße in Bad Godesberg einzutippen. Er dachte sogar daran, in den Präferenzen »Autobahn meiden« anzugeben, schließlich sollte ihn Olga nicht wieder in den Dauerstau führen. Nach einigen bangen Momenten des Wartens erklang die vertraute Stimme: »Der Straße für drei Kilometer folgen!«

»Das ist doch genau das Problem«, rief Harald, dann drehte er und fuhr einfach zurück.

»Wenn möglich, bitte wenden«, quäkte Olga.

Harald schwieg verbissen und konzentrierte sich auf die Straße. Nach drei vergeblichen Versuchen änderte Olga plötzlich ihre Meinung: »In 100 Metern links abbiegen.«

»Na bitte«, sagte Harald erleichtert und lenkte den Wagen sportlich um die Ecke. Er durchfuhr eine Reihenhaussiedlung, kam an einem Waldfriedhof vorbei und passierte die Kindertagesstätte »Die kleinen Strolche«. »Jetzt links!« Harald bremste. Links stand eine Phalanx von Einfamilienhäusern. »Hier ist keine Straße, du blödes Ding«, meckerte

Harald. Er suchte die Häuserfront ab, es dämmerte inzwischen.

Ein älterer Herr setzte gerade an, die Straße zu überqueren. Harald ließ die Scheibe herunter. »Wissen Sie, wie man hier nach Burg kommt?«, rief er.

Der Mann blieb stehen. »Kennen Sie die Fachhochschule?«

»Nein«, räumte Harald ein.

»Ja, da müssen Sie abbiegen«, sagte der Mann und ging weiter.

Harald fuhr weiter. »Wenn möglich, bitte wenden«, plärrte Olga. Harald schaute die Tankanzeige an. Wie lange würde er dieses Spielchen mitmachen können? »Olga, hör zu. Wenn wir zurückfahren, stehen wir wieder an der Häuserfront. Da ist keine Straße …«, setzte Harald an, dann wurde ihm bewusst, dass er mit einem Stück Software diskutierte. Beschämt fuhr er weiter. Olga rechnete. »Jetzt links!« Hier bog tatsächlich eine kleine Straße ab. Skeptisch setzte Harald den Blinker, dann sah er das Sackgassenschild. »Ganz tolle Idee«, schimpfte er und setzte zurück. »Na los, sag's schon, hmm? Wenn möglich …«

»Wenn möglich, bitte wenden«, sagte die Stimme erwartungsgemäß.

Harald schnalzte empört. Vor einigen Jahren gab es diese Tamagotchis, die waren kaum schlimmer gewesen. Obwohl kaum mehr als ein Stück Plastik mit Mikrochip, konnten diese Biester einem damals das Leben zur Hölle machen, wenn es nicht nach ihrem elektronischen Dickschädel ging. Harald hörte noch die quiekende Stimme: »Füttere mich, sing ein Lied …«

»In 80 Metern links fahren«, meldete sich das Olgagotchi.

Harald bog ab, diesmal funktionierte es sogar. Er fuhr wieder durch Reihenhaussiedlungen, passierte eine weitere Kindertagesstätte, bog auf Befehl von Olga wieder links ab und fuhr auf die nächste Kreuzung zu. »In 100 Metern rechts abbiegen«, summte das Gerät. Harald blinkte, lenkte – und stand wieder vor der Baustelle im ersten Ort, an der seine Odysee begonnen hatte. In seinem Kopf entstand das Bild eines gewaltigen Vorschlaghammers, mit dem er lustvoll auf Olga 2000 eindrosch.

»Jetzt reicht's. War eine Schnapsidee«, murmelte Harald. Er tippte mit dem Kugelschreiber auf der verschmierten Olga herum und hob die Autobahnsperre auf. Dann aktivierte er erneut die Navigation. Nach kurzer Rechenpause schickte ihn Olga in die der Baustelle entgegengesetzte Richtung und tat so, als wäre nichts geschehen. Harald biss verkrampft die Zähne zusammen. Es war stockdunkel, als er ein Autobahnschild erblickte. »Jetzt rechts auf die A1 fahren«, mahnte seine Begleiterin. Trotz der Finsternis erkannte Harald, dass er an der Ausfahrt war, an der er eine Stunde vorher die Autobahn verlassen hatte. Der Stau war auch noch da, Harald reihte sich ein. Weiter vorne sah er eine Nebelschlussleuchte. Es waren die Damen im grünen VW. Harald winkte, doch sie schauten nicht hin. Es war ja auch zu dunkel.

Am späten Abend erreichte Harald Bonn. Olga jagte ihn durch finstere Nebenstraßen, immer wieder einmal meinte er, eine bestimmte Straßenkreuzung zu identifizieren, weil er sie schon mehrfach passiert hatte, aber es war einfach zu dunkel. Er hatte nicht den Eindruck, dass Olga dieses Gebiet überhaupt kannte. Wahllos schien sie ihn nach links und rechts zu schicken. Zwischendurch rechnete das System und korrigierte sich danach meistens. Als er zum dritten Mal an einem Schild mit der Aufschrift »Niederdollendorf« vorbeifuhr, begann Harald ernsthaft zu überlegen, einfach sein Hotel anzurufen und nach dem Weg zu fragen.

»Jetzt links, in die Zielstraße«, sagte Olga überraschend. Harald riss das Lenkrad herum und fuhr in die Straße, um ein Haar hätte er dabei einen entgegenkommenden Wagen gerammt, den er beim Abbiegen übel schnitt. Die »Zielstraße« war holprig und stark abschüssig. Auch standen hier nirgendwo Laternen, eigentlich war es nur düster. Harald kniff die Augen zusammen, da sah er mit einem Mal eine schimmernde Wasseroberfläche. In Panik trat er die Bremse. Die Reifen quietschten, er merkte, dass er mit der vorderen Stoßstange auf einer harten Kante aufsetzte. Harald sprang aus dem Auto – und wäre fast in einen Abgrund gestürzt. Der Epremo hing mit beiden Vorderrädern über einer gemauerten Kante. Davor floss der Rhein. Harald riss die Augen auf und atmete heftig. Olga hatte ihn auf einen Fähranleger geführt. Wenige Zentimeter weiter, und er hätte die nautischen Fähigkeiten seines Wagens testen können.

Der Abschleppdienst kostete 180 Euro, die Werkstatt nahm 1400, weil er die Ölwanne beschädigt hatte. Hinzu kam noch eine Verwarnung wegen schwerer Verkehrsgefährdung, die ein fassungsloser Polizeibeamter ihm verpasste. »Wie kann man denn da reinfahren?«, empörte sich der Beamte.

»Das System …äh …« Haralds Ausreden hatten schon einmal besser geklungen.

»Haben Sie etwas getrunken?«, fragte der Mann argwöhnisch.

»Nein, habe ich nicht, mein Navigationssystem hat mich hier reingeschickt.« Harald reichte dem skeptisch blickenden Polizisten die beschmierte Olga.

Angewidert schaute der Polizist das Gerät an. »Da macht man sich ja die Finger total schmutzig«, meckerte er. »Wo geht es denn an?«

Harald nahm Olga verdutzt zurück. Das Display war tot – und auch hektisches Drücken des »On«-Buttons bewirkte nichts. Offenbar hatten gerade jetzt die Batterien ihren Geist aufgegeben.

»Wir verdoppeln dann mal das Verwarngeld«, beschloss der Uniformierte.

Mit rund 3000 Euro Tagesgesamtschaden fuhr Harald im Taxi ins Hotel. »Morgen lasse ich auf eigene Rechnung das alte System wieder einbauen«, schwor er sich und rechnete mit leichter Panik aus, wie viel Schokolade er dafür würde verkaufen müssen.

Die zehn wichtigsten Vorfahrtsregeln

Nur so kommen Sie
in vertretbarer Zeit zum Ziel

1. Die »Hauptstraße« hat immer Vorfahrt. Welches die Hauptstraße ist, liegt auf der Hand: Die Straße, auf der SIE fahren.

2. Die »Rechts-vor-Links«-Regel ist nur einmal in Ihrem Leben wichtig: bei der Fahrprüfung.

3. Der »Grüne Pfeil« berechtigt nicht etwa nur zum Rechtsabbiegen bei Rotlicht, sondern auch zum hemmungslosen Einscheren in den nun abrupt stoppenden Verkehr und zum Aus-dem-Weg-Hupen störender Fußgänger.

4. Die Regel, dass bei Straßenverengungen derjenige warten muss, auf dessen Seite das Hindernis steht, ist veraltet. Heute gilt: Vorrang hat, wer die lauteste Hupe (»Nünodiridiririiie«) und den dreistesten Bleifuß besitzt.

5. Wer bremst, hat schon verloren.

6. Durch geschicktes Platzieren Ihres Wagens in der Mitte einer Straßenkreuzung (so dass wirklich niemand mehr vorbeikommt) können Sie auch als Linksabbieger erzwingen, dass alle übrigen Verkehrsteilnehmer Ihnen »freiwillig« Vorfahrt gewähren.

7. Nur Milchgesichter und Weicheier warten an einer grünen Ampel, bis eine durch Rückstau blockierte Kreuzung frei wird.

8. Wenn SIE rechts abbiegen, haben Fahrradfahrer zu warten. Zur besseren Durchsetzung dieser Regel hilft der Aufkleber: »Ich bremse NICHT für Radler«.

9. Rote Fußgängerampeln und gesenkte Bahnschranken müssen kein Nachteil sein. Immerhin kann man hier mit Dauerhupe auf der Gegenfahrbahn an lästigen Lastwagen und anderen Schleichern vorbeiziehen.

10. Auch in Spielstraßen hat man IHNEN Platz zu machen. Oder ist ein Porsche Boxster etwa kein Spielzeug, hä?

»Route der Sicherheit«
Warum es bei einer Fahrt über Land
auch ohne Gewitter blitzt

Nicht erst seit der Wirtschaftskrise geht es den meisten deutschen Gemeinden schlecht. Spaßbäder, überdimensionierte Kläranlagen und die laufenden Kosten der Glastempel für die Kommunalverwaltung fordern eben ihren Tribut. Und während in den zahllosen Gewerbeparks die mit öffentlichen Mitteln geförderten Hallen und Werksgelände vermodern, weil die sie ursprünglich nutzenden Firmen längst bankrott oder zumindest nach Tschechien verlagert sind, ist es doch mehr als verständlich, dass immer mehr Dörfer und Kleinstädte neue Finanzquellen erschließen. Nachdem sich internationale Finanzanleihen und Spekulationsgeschäfte leider als brüchig erwiesen und die meisten kommunalen Rücklagen im Sog der Finanzkrise längst verdampft sind, haben sich in letzter Zeit diverse Formen der Verkehrsüberwachung als besonders lukrativ erwiesen ...

Es war einer dieser Mittwochmorgen, an denen man vorsichtig sein muss. Harald spürte es zuerst in seinem kleinen Zeh. Nicht etwa, weil er wetterfühlig oder für besondere astrale Schwingungen empfindlich war, sondern weil er beim Aufstehen in der kleinen bayerischen Pension unachtsam mit dem Fuß gegen ein Stuhlbein stieß und sich dabei ganz elend den kleinen Zeh prellte. Der wurde sofort dick und rot und tat höllisch weh. Beim Duschen in der viel zu engen Kabine stieß Harald dann mit dem Rücken gegen die Mischbatterie, woraufhin siedend heißes Wasser aus der Brause schoss und ihm den Oberkörper verbrühte. Harald schrie auf und schlug wild um sich, traf aber leider den Duschkopf, der sich daraufhin losriss und ihm noch zusätzlich auf den angeknacksten Zeh knallte. Als Harald schließlich aus der Duschkabine sprang, stellte er fest, dass das Zimmermädchen vergessen hatte, ihm Handtücher hinzulegen und er sich mit dem Bettlaken abreiben musste.

Beim Frühstück tropfte ihm das »mittelharte« Ei auf sein letztes weißes Hemd. Harald stöhnte auf. Am frühen Nachmittag wollte er in München mit einem bekannten Traditionskaffeehaus über ein neues Sortiment verhandeln. Er musste sich also sputen und unterwegs ein neues Hemd kaufen. Es war gerade halb neun, und Harald war von diesem Tag schon völlig bedient. Er trank einen Schluck Kaffee – das heißt, er wollte, aber als er die ersten Tropfen in den Mund nahm, musste er heftig prusten, denn diese Brühe schmeckte höllisch sauer. »Hallo, kommen Sie mal her«, rief er der beleibten Bedienung im Dirndl zu, die sich daraufhin schwerfällig zu ihm herüberbewegte. »Jo, wos hoams?«, fragte sie missmutig im breitesten Dialekt. »Probieren Sie bitte mal diesen Kaffee«, verlangte Harald mit strengem Blick. Die Matrone musterte ihn einen Augenblick misstrauisch, nippte dann aber doch an dem Kaffee, woraufhin auch sie das Gesicht verzog. »Mei, des Aas krieg i …«, brüllte sie in Richtung Küche, dann verschwand sie ebendort. Harald verdrehte die Augen und rutschte unruhig hin und her. Er war wegen seines Hemdes sehr nervös. Mit dem vollgekleckerten Oberteil konnte er sich bei dem Kunden nicht sehen lassen. Schnell zahlte er und eilte mit dem schwarzen Trolley zu seinem Epremo, der auf dem Parkplatz vor der Gaststätte stand. Hier nach Eibing war Harald gestern für ein Treffen mit einem Großhandelsvertreter gekommen, die heutige Fahrt nach München würde ihn ausschließlich über Landstraßen führen. Wieder einmal hatte ihn sein schlaumeiernder Kollege gewarnt: »Die blitzen wie die Geier auf der Strecke«, hatte er mit besorgter Miene gesagt. Doch Harald war schon so viele Jahre auf deutschen Straßen unterwegs, dass ihm ein paar Blitzer nichts mehr anhaben konnten. »Die rieche ich zwei Kilometer gegen den Wind«, lachte er den Kollegen schulterklopfend aus.

Die Fahrt ließ sich gut an. Es waren kaum Autos unterwegs, und die Sonne strahlte über einen wolkenlosen, hellblauen Himmel. Harald pfiff laut und falsch einige Songs aus dem Radio mit und freute sich diebisch, als die Verkehrsdurchsage immer längere Staus vermeldete – auf den Autobahnen, die er heute sicher nicht benutzen würde. »Aktionsprogramm Sichere Landstraße« las er auf einem quer über eine Wiese gespannten Transparent. Absender war der hiesige Landkreis, der offenbar zu viel Geld hatte, wie Harald fand, denn auf den folgenden drei Kilometern standen immer wieder Tafeln und Spruchbänder, die für irgendein Verkehrssicherheitsprogramm warben, das der Kreis und 13 Gemeinden gestartet hatten. Nacheinander sah Harald neunmalkluge Sprüche wie »Fahren Sie vorsichtig«, »Wer bremst, gewinnt« oder »Schlechte Sicht? Tempo runter!«. Nach einer scharfen Linkskurve schauten ihn zwei überdimensionale

Hirsche traurig an und verlangten ultimativ: »Denk an uns!«
Harald lachte. »Mach ich«, sagte er. »Und zwar heute Mittag im Wirtshaus.« Eine Biegung weiter waren die unglücklichen Hirsche durch lachende Kinder ersetzt worden. In einer Sprechblase stand: »Wir sind auch noch da.« Harald schüttelte den Kopf. Da hatten sich ein paar Hinterwäldler im Landratsamt aber kräftig von einer Werbeagentur über den Tisch ziehen lassen. Er lenkte sportlich an einem dahinschleichenden VW-Polo vorbei, der diesen ganzen Murks offenbar ernst nahm. Nach einem kurzen Waldabschnitt folgte das nächste Schild: »Ein Unfall ist kein Zufall! Route der Sicherheit, mach mit!« Darunter standen die Namen von 13 Gemeinden. Misstrauisch scrollte Harald durch die Anzeige seines Navigationsgerätes. Es konnte kein Zufall sein, dass er auf seinem Weg nach München genau durch diese 13 Gemeinden fahren würde. Während er weiter über die Landstraße brauste, ging sein Blick argwöhnisch zwischen den beiden Fahrbahnseiten hin und her.

»Willkommen in Hasberghausen«, begrüßte ihn ein riesiger, zu einem Gesicht umgestalteter Strohballen am Ortseingang der ersten Gemeinde seines Fahrweges. Harald konzentrierte sich. Die Sache mit der Werbetafel ging ihm nicht aus dem Kopf. Wenn irgendwo das Stichwort »Verkehrssicherheit« auftauchte, war erfahrungsgemäß die nächste Radarfalle nicht weit. Und tatsächlich, da stand der Kasten! Zwar hatte man sich mit der Ortsauswahl durchaus Mühe gegeben – der Blitzer war dunkelgrün und stand im Schatten einer alten, schweren Eiche gleich hinter dem Zebrastreifen –, aber er war für einen alten Hasen wie Harald natürlich sofort sichtbar. Harald durchfuhr die Messzone mit 45 Stunden-kilometern und beschleunigte dann auf 80, die Drohgebärde einer älteren Dame, die vor dem örtlichen Bäcker ihr Fahrrad angelehnt hatte, ignorierte er mit spöttischem Gelächter. Hinter dem Ortsausgangsschild standen wieder die Hirsche. Weiter ging es über saftig-grüne Wiesen und durch eine milde, hügelige Landschaft. Verkehrzeichen informierten über den jeweiligen Steigungsgrad. »Kein Problem für einen Epremo mit Allradantrieb«, dachte Harald. Unvermittelt passierte er das Ortseingangsschild. »Zentralmolkereistandort Langdorf«, las Harald eben noch und fragte sich, was die neuerdings noch alles auf die Ortsschilder schreiben wollten, da musste er auch schon eine Vollbremsung machen, weil der obligatorische Blitzerkasten fieserweise nur wenige Meter hinter dem Schild an einer Garagenwand befestigt war, natürlich grau in grau. »Respekt«, murmelte Harald, »damit hätte ich so schnell nicht gerechnet.« Hier machte sich der Bremskraftverstärker des Epremo positiv bemerkbar. »Mit meiner alten Karre wäre ich jetzt mindestens 40 Euro los«, ging es Harald durch den Kopf. »Nun gut – Gefahr vorbei!« Zackig passierte er eine Fußgängerinsel. Wenn das die »Route der Sicherheit« war, konnte er beruhigt Gas geben und würde überpünktlich in München ankommen, wo er dann in aller Ruhe ein Hemd würde aussuchen können.

Bald darauf kam er nach Laatz. Ein quer über die Straße gespanntes Spruchband informierte, dass hier einmal ein bayerischer König genächtigt hatte. Gleich hinter dem mit irgendwelchen Wappen prächtig geschmückten Ortseingangs-schild war eine Digitalanzeige installiert. »Sie fahren 59«, las Harald, und ein Smiley schaute ihn böse an. »Die sind ja lustig«, rief Harald und beschleunigte. Mal sehen, ob er beim nächsten über 70 kommen würde. Er bretterte an einem Herrgottswinkel vorbei über eine Brücke, die über einen kleinen Wildwasserfluss führte. »Sie fahren 71«, zeigte das zweite Gerät, und der Smiley schien noch grimmiger dreinzublicken. »Bingo«, triumphierte Harald und drückte noch ein wenig aufs Gas. »Ob die auch dreistellig können?«, fragte er sich. Als er an einer Schulklasse vorbeidonnerte und zwei der Schüler, die auf der Bordsteinkante balanciert hatten, entsetzt zur Seite sprangen, kam Harald wieder zur Besinnung. Es war nicht in Ordnung, innerorts derart zu rasen, besann er sich. Er hatte den Gedanken noch nicht zu Ende gedacht, da trat am Ende der Straße ein Polizist auf die Straße und winkte mit einer rotleuchtenden Kelle. »Verdammt, ich dachte, die Dinger zeigen nur die Geschwindigkeit an«, schoss Harald durch den Kopf, dann fuhr er auf die Busspur, auf die ihn der Beamte lotste. Harald ließ die Scheibe runter.

»Schönen guten Tag«, begrüßte ihn der Polizist, nahm seine Mütze ab und schaute freundlich in den Epremo.

»Ja, natürlich, guten Tag«, murmelte Harald und hätte sich wegen seiner kleinen Eskapade in den Hintern beißen können.

»Haben Sie vielleicht unsere elektronischen Geschwindigkeitsmesser gesehen?«, fragte der Uniformierte zuckersüß.

»Ja, habe ich gesehen«, gestand Harald. Er konnte das zum Tod nicht ausstehen, wenn diese Polizisten Katz und Maus spielten. Sollte er doch einfach sagen, was es kostete. »Wie viel war es?«, fragte er den Beamten.

Der rothaarige Mann schaute etwas konsterniert, dann fing er sich jedoch und strahlte wieder über beide Wangen.

»Ganz wunderbar! Ganz wunderbar. Warten Sie doch bitte einen Moment.« Der Mann wandte sich ab und verschwand hinter einem der beiden Polizeitransporter, die diskret in einer Einfahrt versteckt waren.

Harald schaute auf die Uhr. Hoffentlich machten die schnell, er musste schließlich rechtzeitig in München sein. Irritiert bemerkte er, dass der Beamte gar nicht seinen Führerschein und die Fahrzeugpapiere mitgenommen hatte. Ehrlich gesagt, hatte er sie nicht einmal verlangt.

»So, da sind wir wieder«, lachte der rothaarige Polizist. Hinter ihm standen jetzt noch zwei weitere Beamte, die befremdlicherweise auch lächelten. »Nehmen Sie sich doch bitte zehn Minuten Zeit – und füllen Sie diesen Fragebogen aus«, sagte ein älterer Polizist mit schütterem Haar und reichte Harald einen Stoß gelber Zettel.

»Aktion Route der Sicherheit«, las Harald. »Sichere Ortsdurchfahrt in Laatz dank neuem Geschwindigkeitsinformationssystem.« Harald schüttelte ungläubig den Kopf. Das war gar keine Geschwindigkeitskontrolle, dämmerte es ihm, die wollten wissen, wie er ihre neuen Smileytafeln fand. Harald schaute in die erwartungsvollen Gesichter der Beamten, dann wandte er sich – nun ebenfalls schüchtern lächelnd – wieder dem Bogen zu. Die Fragen waren knifflig. »Wie sind Sie auf uns aufmerksam geworden? Durch Inserate in der Zeitung, durch Bekannte, durch Hörfunkwerbung, durch andere Maßnahmen?« Harald schaute die drei Polizisten an. »Kann ich bitte einen Kugelschreiber haben?«

Eine Viertelstunde später war Harald fertig. Er hatte seine Meinung zu Form und Farbe der Anlagen geäußert, seine Gefühle in Bezug auf die Emoticons geschildert, hatte

Verbesserungsvorschläge zu den Standorten gemacht und auf einer Skala von eins bis zehn seinen Gesamteindruck bewertet. Harald gab Stift und Bogen zurück. Die Beamten bedankten sich mehrfach herzlich und winkten ihm schließlich hinterher, als er mit knapp 80 Stundenkilometern aus Laatz herausfuhr. Diese »Route der Sicherheit« begann ihm Spaß zu machen. Er beschleunigte auf 130, um schnell den nächsten Ort zu erreichen, da er inzwischen richtig neugierig geworden war, was die sich wohl noch so ausgedacht hatten. Wenn man so viel auf der Straße war, freute man sich doch über jede Abwechslung.

In Zapfendorf entdeckte Harald nichts, was irgendeinen Bezug zur »Route der Sicherheit« hatte. Kein Transparent, keine Hirschplakate, keine Werbetafeln, kein Smiley. Nichts. Gar nichts. Harald fuhr enttäuscht durch den schmucklosen Ort, der im Wesentlichen aus grauen Häusern, drei Wirtschaften (»Alter Wirt«, »Neuer Wirt« und »Gasthof zur Post«) und einer alten Dorfkirche bestand. »Wahrscheinlich machen die gar nicht mit, weil der Bürgermeister ein Schwager vom Landrat ist und sich die beiden nicht ausstehen können«, sagte sich Harald. Er schaute angestrengt an den Straßenrändern entlang, ob da vielleicht doch ein Blitzerkasten stand, konnte aber nichts entdecken. 300 Meter vor dem Ortsausgangsschild gab Harald schließlich frustriert Gas. »Zapp.« Rotes Licht durchflutete den Innenraum des Epremo. Harald schrie auf. Aus dem Augenwinkel konnte er erkennen, dass zwischen zwei extrem eng geparkten älteren Fahrzeugen ein mobiles Radargerät stand. Hinter einem Busch neben dem Ortsausgangsschild tauchten nun zwei Polizisten auf, die Harald herauswinkten.

Auf einem nach rechts abknickenden Feldweg kam Harald zum Stehen. Mehrere Polizeibusse standen im Unterholz, alle trugen die Aufschrift »Route der Sicherheit«. Das war ja fies. Zapfendorf machte also doch mit, aber halt streng geheim. Harald öffnete das Fenster. Als er sah, dass die beiden Beamten gelbe Zettel in der Hand hielten, schöpfte er jedoch wieder Hoffnung.

»Schönen guten Tag«, strahlte Harald die Polizisten an.

»Mmm«, antwortete der Ältere. »Führerschein und Fahrzeugpapiere.«

»Oh«, sagte Harald, »das ist nicht nötig, ich fülle Ihre Bögen gerne aus. Macht mir wirklich Spaß!«

»Steigen Sie bitte aus«, fuhr ihn jetzt der jüngere Beamte an. »Und machen Sie hier keine Szene. Wenn Sie sich nicht ausweisen können, müssen wir Sie mit zur Wache nehmen.«

Harald stockte der Atem, während er sich aus dem Wagen schwang. Das war gar nicht lustig. »Aber …«, setzte er an und zeigte betreten auf die gelben Zettel.

»Die bekommen Sie noch früh genug«, fauchte der Polizist. »Können Sie sich jetzt ausweisen oder nicht?«

Konsterniert stieg Harald ins Auto zurück und öffnete das Handschuhfach. Die Uniformierten beobachteten ihn misstrauisch. Harald wühlte schwitzend in der Ablage herum – und fand schließlich die Papiere zwischen seinem Steuerbescheid, einer leeren Schokoladenpackung und dem Prospekt eines Freizeitparks. Sein Führerschein war schokoladenbefleckt. Zitternd reichte er die Unterlagen zu den finster dreinblickenden Beamten, die damit in einem ihrer Bullis verschwanden. 20 lange Minuten saß Harald wütend in seinem Wagen, dann kamen die beiden Polizisten zurück. Der jüngere schaute Harald ernst an.

»Herr Grützner, wir verwarnen Sie wegen mehrerer Verstöße gegen die Straßenverkehrsordnung.« Harald schluckte. »Sie haben die zulässige Höchstgeschwindigkeit um 20 Stundenkilometer überschritten! Außerdem haben Sie sich der Staatsgewalt widersetzt.«

»Und Sie haben Manipulationen an amtlichen Dokumenten vorgenommen«, sekundierte der Ältere grimmig.

»Was habe ich?«, entfuhr es Harald.

Mit Todesverachtung hielt der Beamte Harald die schokoladenbeschmierte Fahrerlaubnis unter die Nase. »Macht 140 Euro«, knurrte er. »Und gib dem Herrn eine Quittung«, sagte er zu seinem Kollegen. Der händigte Harald einen der gelben Zettel aus. Unter dem handschriftlich ausgefüllten Betrag stand: »Nächstes Mal besser achtgeben! Ihre Route der Sicherheit, Ortsbereich Zapfendorf.«

Mit zornesrotem Gesicht verließ Harald den Feldweg. »140 Euro! Diese Diebe und Wegelagerer«, schimpfte er vor sich hin. Das war eine ganze Tagesprovision. Beim Hemdenkauf in München war also leider Sparprogramm angesagt. Wenn er es überhaupt noch schaffte. Die Affäre Zapfendorf hatte ihn zu viel Zeit gekostet. Hin- und hergerissen zwischen Zeitdruck und der Sorge, dass wieder irgendwo so eine heimtückische Falle lauerte, gab Harald mal Gas, bremste dann aber wieder abrupt, wenn er einem Wagen am Wegesrand misstraute. Dann kam endlich eine langgezogene und gut überschaubare Wiesenlandschaft, und Harald gab erneut Gas. Seine Nerven blieben dennoch zum Zerreißen angespannt. Wo bitte war der nächste Blitzer?

Hinter einer alten Scheune stand das Ortseingangsschild von Langenried. Den Starenkasten sah Harald sofort. Man hatte sich keine Mühe gegeben, ihn irgendwie zu verstecken, das Gerät stand mutterseelenalleine an der schnurgraden Ortsdurchfahrt. Harald beschleunigte wieder, da sah er den zweiten Kasten. »Das ist ja gemein«, murmelte er und überlegte, ob es vielleicht noch einen dritten gäbe. Gab es tatsächlich, und zwar direkt hinter dem zünftig geschmückten Rathaus, das gleichzeitig auch das größte Wirtshaus am Orte zu sein schien. Ein protziges Schild mit Goldverzierungen und Löwenwappen verkündete: »Langenried – gelebte Gastlichkeit«. Harald verspürte ein wenig Hunger, was eigentlich gar nicht sein konnte, wo das Frühstück doch höchstens einneinhalb Stunden her war. Er sah den vierten Blitzer und gleich dahinter den fünften. Ihm kam langsam so ein Verdacht. Es konnte doch unmöglich sein, dass ein kleines Kaff wie dieses fünf Radargeräte betrieb. So etwas kostete doch bestimmt eine Menge Geld, ganz abgesehen von dem Personal, das ständig die Filme herausnehmen und durchsehen musste. Als unmittelbar vor einem Zebrastreifen der sechste Kasten kam, hielt Harald am Straßenrand. Er hatte es zwar wirklich eilig, doch das hier musste ein für alle Male geklärt werden. Er stieg aus, um sich ein Bild zu machen. Schon beim Näherkommen wurde ihm alles klar. Dort wo eigentlich das Objektiv der Radarkamera herausragen sollte, steckte nur ein einfaches Plastikröhrchen. Der rote Schimmer des Radarauges war mit Farbe darauf gemalt. Die ganze Konstruktion des Kastens und des Pfostens bestand aus Holz, der metallische Glanz kam lediglich von der Lackierung. Harald lachte schrill los, bis ihn ein vorbeieilendes Mütterchen böse anfunkelte.

»Was lachen's denn so blöd?«, zischte die Alte.

»Naja, das habt ihr euch ja fein ausgedacht. Schlitzohren seid ihr, ihr Langenrieder, was?«, feixte Harald und zeigte auf den Holzkasten.

Das Mütterchen schielte nach oben und meinte dann hämisch: »Ganz ein Schlauer, was?«

»Wenn ihr nur einen davon aufgestellt hättet, wäre ich vielleicht drauf reingefallen«, antwortete Harald selbstbewusst, »aber sechs Stück in einem Dorf, das nimmt euch keiner ab.« Er drehte sich um und ging zu seinem Wagen zurück.

»Wirst schon sehen«, zischte die Alte und schaute ihm abschätzig hinterher. Aber das hatte Harald nicht gehört.

Er startete stattdessen pfeifend den Motor und fuhr weiter. Diese Langenrieder wussten einfach nicht, wann Schluss ist, befand er, als gleich nach der nächsten Kreuzung die Starenkästen Nummer sieben bis elf auftauchten. Wenn man den Trick erst einmal kannte, konnte man auch aus dem Auto sehen, dass die Dinger nachgemacht waren. Harald gab Gas und fuhr an weiteren zwölf Attrappen vorbei, dann tauchte endlich das Ortsausgangsschild auf. Zum Abschluss ihrer Aktion hatten die Langenrieder direkt auf dem Schild auch noch einen Kasten montiert. Harald amüsierte sich prächtig und beschleunigte auf 100 Stundenkilometer. »Zapp.« Der Epremo wurde erneut für eine Millisekunde in blutrotes Licht getaucht. »Das gibt's nicht, das darf doch nicht wahr sein«, schrie Harald. »23 Attrappen und auf dem Ortsschild steht ein echter Blitzer.« Herrje, was würde das für eine saftige Rechnung geben. Harald war sich nicht einmal sicher, ob ihn das nicht sogar einen Monat Führerschein kosten würde. In seinen Augen standen Tränen vor Wut.

Es dauerte nicht lange, da erreichte Harald das nächste Dorf. »Bischofsried« stand auf dem Ortsschild, darüber prangte überdimensional »Zone 30 im ganzen Ort«. Harald ging vom Gas. »Nicht schon wieder«, flüsterte er vor sich hin, »nicht schon wieder.« Der Ort lag an einem Hang und schien sich kilometerlang hinzuziehen, wie Harald zu sehen glaubte. Das war eigentlich eine gute Gelegenheit, endlich einmal den Tempomaten des neuen Wagens auszuprobieren. Harald schaute sich hilfesuchend nach dem Hebel um, dann dämmerte ihm, dass er die grässliche Sonne zu Hilfe rufen musste. Das war wie die Wahl zwischen Pest und Cholera. Entweder er bekam in diesem Ort einen lahmen Fuß, weil er vorhatte, peinlichst genau 30 Stundenkilometer zu fahren. Oder aber die Sonne würde wieder Macht über sein Leben bekommen. Harald nahm sich ein Herz und drückte den Knopf für die Bordelektronik.

»Guten Tag, hier ist das Fahrerinformationssystem«, sagte die Digitalsonne, die ihm heute noch bösartiger als sonst vorkam. »Wählen Sie eine Funktion!«

»Tempomat«, sagte Harald und merkte, wie sein Fuß langsam einschlief, weil er krampfhaft die Geschwindigkeit zu halten versuchte. Er musste dringend mal kräftiger treten, sonst würde er einen Krampf bekommen. Harald sah sich um. Er fuhr gerade an einem Dorfanger vorbei, weit und breit war nichts zu sehen außer einem Misthaufen. Er konnte es riskieren. »Sie haben die Funktion Tempomat gewählt«, krähte die Sonne, da blitzte es auch schon rot. Harald machte eine Vollbremsung und blieb stehen. Er sah sich um. Wo zum Teufel stand diese Radarfalle? Er hätte losschreien können, aber er wollte sich vor der Sonne nicht blamieren.

»Sicherheitshinweis. Der Tempomat kann bei Stillstand des Fahrzeuges nicht betrieben werden«, erklärte die Bordelektronik.

»Das weiß ich auch«, brüllte Harald zornesrot. Wo war der Blitzer? In diesem Moment kam ein silberner VW Passat mit Münchner Kennzeichen herangerauscht. Harald drehte den Kopf, da sah er die Frechheit. Der Misthaufen hob sich ein Stückchen, und eine schlanke Metallsäule fuhr empor. Offenbar kannte der Münchner jedoch im Gegensatz zu Harald den Trick, jedenfalls bremste er rechtzeitig ab, und die Säule verschwand wieder. Harald lehnte sich seufzend im Sitz zurück. Gut, das waren höchstens zehn Stundenkilometer zu viel gewesen, darauf kam es heute auch nicht mehr an. Er fuhr weiter.

»Geben Sie eine Geschwindigkeit vor«, verlangte die Computerstimme.

»30«, sagte Harald. »Und keinen Stundenkilometer mehr!«

»Bitte wiederholen«, schnarrte das System.

»30«, sagte Harald mit gepresster Stimme und beschloss wieder einmal, den Wagen, zumindest aber das Fahrerinformationssystem gleich nach seiner Rückkehr in die Müllpresse zu geben.

»Zulässige Mindestgeschwindigkeit des Tempomaten unterschritten«, plärrte die Elektronik.

Harald spürte ohnmächtigen Zorn. In Einserschritten arbeitete er sich vor, aber erst bei 35 Stundenkilometern ließ die Sonne Gnade vor Recht ergeben. Aufs Äußerste gespannt durchfuhr Harald weiter diesen endlosen Ort. Überall ahnte er Blitzer. Stand da nicht ein verdächtiger Kasten im Blumenbeet? Nein, es war nur eine Tüte mit Kunstdünger. Aber dort! Der Blätterhaufen! Nichts regte sich. Naja, der Trick wäre auch alt gewesen. In der Mitte der Straße stand die Dorfkirche, Harald lenkte den Wagen rechts um das Gebäude herum. Vor dem schweren Eisenportal war die Statue eines Dorfheiligen zu sehen, jedenfalls hielt Harald sie für eine solche. Er hatte seit Jahren keine Kirche mehr betreten. Die Figur trug einen Heiligenschein, um sie herum standen Schafe und Hühner, die sie segnete – oder denen sie etwas zu essen gab, Harald war sich da nicht sicher. Die Statue schaute ihn jedenfalls grundgütig an. Plötzlich glomm das rechte Auge des Heiligen rot auf, Harald schrie, bremste – doch es war zu spät. Er trommelte auf sein Lenkrad und fluchte hemmungslos, so niederträchtig fand er die Sache. Alle hatten sich gegen ihn verschworen. Alle! Die Dörfer, der Landrat, die Polizei sowieso und jetzt auch noch die Kirche.

Mit 45 Stundenkilometern schlich Haralds Epremo die 17 Kilometer nach Bad Kiessee, obwohl durchgehend 100 erlaubt waren. Dutzende anderer Wagen zogen an ihm vorbei. Hupend überholten ihn Kleintransporter, Lastwagen und schließlich sogar ein Traktor. Mit Anhänger, wie Harald registrierte, doch es war ihm egal. »Willkommen in Bad Kiessee« stand auf dem Holzschild an der Ortseinfahrt. Die Tafel sah aus wie ein riesiges Vogelhaus. Er orderte bei der Sonne 45 Stundenkilometer und lenkte verkrampft durch den Ort. Bad Kiessee sah aus wie alle bayerischen Erholungsorte. Gelbe Häuser mit Holzbalkonen, Blumenkästen, aufgeräumte und saubere Gehwege. Harald passierte nacheinander ein kleines Kaufhaus, das Postamt, eine Autovermietung, ein Thermalbad, den städtischen Busbahnhof und einen Kreisverkehr. Er wurde immer misstrauischer, denn bislang hatte sich noch keine Sicherheitsrouteninstallation gezeigt. Harald sagte der Sonne, sie solle auf 40 runterschalten, was diese nach einigem Hin und Her auch tat. Hinter ihm hatte sich eine lange Schlange gebildet, erstes empörtes Hupen war zu hören. »Zahlt ihr die Tickets, ja, tut ihr das?«, rief Harald wütend, aber natürlich konnte ihn niemand hören. Kurz vor der Ortsausfahrt überholte ihn ein blaues Porsche-Cabrio. Der sonnenbebrillte Fahrer lehnte sich im Fahrtwind zurück, seine blonde Beifahrerin starrte verächtlich zu Harald hinüber. »Wartet nur«, dachte Harald. Und tatsächlich: Zum ersten Mal an diesem Tag traf es nicht ihn. Aus dem Schild »Auf Wiedersehen in Bad Kiessee« blitzte es rot, Harald sah die Bremslichter des Porsches aufleuchten und lachte schallend. Die Freude verging ihm jedoch schlagartig, als sein Blick auf die Innenraumuhr fiel. »Mein Gott, das schaffe ich nie«, dachte Harald und beschloss, seine vornehme Zurückhaltung aufzugeben. Mit exakt 100 Stundenkilometern konnte hier eigentlich nichts schiefgehen – zumindest solange es keine weitere Beschilderung geben würde. Kurz darauf erreichte Harald einen besonders gut ausgebauten Abschnitt der Landstraße. Ein Geschwindigkeitsschild zeigte ihm, dass hier sogar 120 Stundenkilometer erlaubt waren. Vielleicht konnte er den Termin ja doch noch schaffen. Harald beschleunigte und schaute umher. Die Landschaft war jetzt wieder etwas hügeliger. Die Sonne brannte immer noch, Wolken waren keine zu sehen, rechts und links der Straße standen Kühe auf den endlos scheinenden grünen Wiesen. Die Straße machte eine sanfte Rechtskurve und führte in einen Wald. Harald lenkte den Epremo vorsichtig nach rechts und entspannte sich ein bisschen. Überraschenderweise bog nun die Straße plötzlich doch recht scharf nach rechts, was man wegen der Bäume nicht hatte sehen können. Kaum war Harald vom Gas gegangen, sah er schon ein Schild mit einer »60«, darunter ein Zusatzschild »Gefahrenstelle«. Harald bremste, doch da blitzte es auch schon rot auf.

Weiter vorne auf der Straße stand ein Polizist mit erhobener Kelle. Mit Mühe und quietschenden Reifen brachte Harald den Wagen zum Stehen. Ein weiterer Polizist kam auf ihn zu. Harald merkte, wie eine neue Dimension von Wut in ihm aufstieg. Eine kalte Wut, eine Wut, die wohl Amokläufer vor ihren Taten empfinden. Er sprang aus dem Wagen und brüllte die Beamten an: »Was soll das, hä? Finden Sie das etwa lustig? Da kommt völlig aus dem Nichts das 60er-Schild, und direkt dahinter steht ihr Vögel. Das ist ein Fall für den Europäischen Gerichtshof für Menschenrechte, das ist …«

»Jetzt beruhigen Sie sich mal, guter Mann«, sagte einer der beiden Polizisten. Er war hager und hatte tiefe Tränensäcke unter den Augen. Sein Blick war müde. »Es mag ja sein, dass Sie sich ärgern, wahrscheinlich vor allem über Ihr eigenes Fehlverhalten, aber an den Fakten ändert das nichts. Sie sind in einer 60er-Zone 93 Stundenkilometer schnell gefahren. Also bitte die Wagenpapiere und Ihre Fahrerlaubnis!«

Harald fixierte den Beamten. »Eine 60er-Zone, ja? Zone! Kilometerlang, mehrfach angekündigt, große Transparente ›Sie fahren in einer 60er-Zone‹ …« Er schnappte nach Luft. »Verarsche nenne ich das, Abzocke, arglistige Täuschung!«

Jetzt kam der andere Beamte seinem Kollegen zu Hilfe.

»So, der Herr, was passt uns denn nicht? Der Straßenbereich ist ordnungsgemäß mit dem dafür in der StVO vorgesehenen Höchstgeschwindigkeitszeichen gekennzeichnet – und wir haben ebenso ordnungsgemäß eine Geschwindigkeitsmessung vorgenommen.«

»Ordnungsgemäß nennen Sie das? Sie lauern doch unmittelbar hinter dem Schild. Das ist doch gar nicht zulässig«, schrie Harald, der zumindest meinte gehört oder gelesen zu haben, dass Kontrollen erst 150 Meter hinter einem Geschwindigkeitsschild stattfinden dürfen.

»Nicht zulässig, aha«, schnappte der Tränensäckige und sog tief Luft ein. »Dann darf ich Sie einmal mit der gestern in Kraft getretenen bayerischen Sonderverordnung zur Verkehrsraumüberwachung von Unfallschwerpunkten vertraut machen. Danach kann der Abstand des Radargerätes in begründeten Ausnahmefällen auf drei Meter verkürzt werden.« Selbstzufrieden schaute der Ordnungshüter Harald an.

»Und wie lautet Ihre Begründung für diesen Ausnahmefall?«, ätzte der zurück.

»Besondere Gefahrenstelle«, sagte der zweite Polizist mit überheblichem Unterton. »Eine scharfe Kurve, die Fahrzeuge kommen mit hoher Geschwindigkeit angefahren, die Walddurchfahrt ist schwer einsehbar … Völlig ausreichend für die Ausnahmeregelung, mein Herr.«

Harald konnte diese Borniertheit gar nicht fassen. »Aber da können doch die Autofahrer nichts dafür, dass vorher die hohe Geschwindigkeit erlaubt ist. Man schafft es hier gar nicht, von 120 sofort auf 60 herunterzubremsen.«

Einen Moment lang glaubte Harald, einen Punktsieg errungen zu haben. Jedenfalls schauten die Beamten etwas belämmert. Aber dann räusperte sich der traurig Dreinblickende und meinte: »Es ist Ihnen doch hoffentlich bekannt, dass es sich bei den Geschwindigkeitsschildern um zulässige Höchstgeschwindigkeiten handelt. Niemand zwingt Sie, dort 120 zu fahren.« Harald blickte zu der Radarfalle. Da kam ihm eine Idee: »Sie sagen also, dass Sie den Abstand auf drei Meter verkürzen dürfen, ja?« Die Polizisten nickten. »Das Gerät dort steht aber keine drei Meter von dem 60er-Schild entfernt!« »Meinen Sie?«, zischte der zweite Uniformierte. »Na, das werden wir ja sehen.« Er stapfte zu dem Messgerät, zückte ein Maßband und drückte es Harald in die Hand. »Wenn Sie hier bitte mal festhalten wollen!« Sprachlos nahm Harald zur Kenntnis, dass die beiden offenbar auf alles vorbereitet waren. Es wunderte ihn nun auch gar nicht, dass dieses Maßband tatsächlich drei Meter lang war, obwohl doch jedes Standardmaßband nur zwei Meter misst. Auch wunderte ihn nicht, dass der Beamte zwischen der Radarfalle und dem Schild 2,99 Meter maß. Harald hatte verloren, aber er wollte es noch nicht einsehen. »Das Maßband ist manipuliert«, sagte er.

»Wohl kaum«, antwortete der Tränengesichtige und hielt Harald ein Papier unter die Nase. »Eichamt Landshut« stand auf dem Dokument, mehrere Siegel und Unterschriften bestätigten, dass das polizeiliche Maßband mit der Ordnungsnummer 67-AG 3456 einen Monat zuvor vorschriftsgemäß nach dem bayerischen Eichgesetz überprüft worden war.

Eine Viertelstunde später verließ Harald die Waldschneise. Er war erneut 120 Euro ärmer, dafür aber um einige Erfahrungen reicher. Unter anderem hatte er soeben beschlossen, nie wieder über eine Landstraße zu fahren, selbst wenn sich auf der Autobahn der Verkehr auf 50 Kilometern stauen würde. Hilfesuchend blickte er sich um, doch war hier in der Einöde nirgendwo ein blaues Autobahnschild zu sehen. Er würde das durchstehen müssen. Harald fuhr jetzt irgendeine Geschwindigkeit im Niemandsland des Tachos, das ungefähr zwischen 60 und 80 Stundenkilometern angesiedelt war. Düstere Vorahnungen plagten ihn. Die Route der Sicherheit war definitiv eine Straße ohne Wiederkehr, ein Pfad der Verdammten, eine Reise ins Nichts … Harald sah auf und bremste panisch, weil das Ortsschild von »Hinterföhring, Gemeinde Föhring« bereits zu sehen war. Wer wusste schon, ob die neue bayerische Verkehrsüberwachungsverordnung nicht auch Regeln über unsichtbare Geschwindigkeitsbegrenzungen im Vorfeld von Ortseingängen enthielt.

Man konnte niemandem mehr trauen.

Das Erste, was Harald von Hinterföhring sah, war ein riesiges Poster, das an einem mindestens 20 Meter hohen Holzgerüst befestigt war. Es zeigte auf erschreckende Weise verklumpte Metallteile, die offenbar früher einmal ein oder mehrere Autos gewesen waren. Aus dem Wrack floss eine Flüssigkeit, von der man nicht klar sagen konnte, ob es Benzin oder Blut war. Harald stöhnte auf. Über dem dampfenden Wrack stand in riesigen Lettern »Denk nach!«. Damit es genau dazu aber nicht kommen konnte, waren direkt hinter dem Ortseingangsschild in enger Folge Plakate aufgestellt, die Wahlwerbung ähnelten, aber Botschaften enthielten wie »Er wollte nur schnell mal Zigaretten holen …« oder »Seine drei Waisenkinder freuen sich, dass er der Schnellste war …«. Weil aber diese brachiale Form der

Anti-Unfallkampagne den Hinterföhringern offenbar nicht ausreichte, waren die schlauen Sprüche mit ekelerregenden Bildern von Leichenteilen und toten Tieren geschmückt. Harald schauderte. Das war ja widerlich. Gerade zog eine Mutter ihr weinendes Kind von einem solchen Plakat weg hinein in einen Hauseingang. Harald schüttelte beklommen den Kopf. Das Mädchen würde heute Nacht bestimmt Alpträume bekommen, und wenn nicht von den Plakaten, dann von den lebensgroßen Skulpturen, mit denen ein Künstler einen ebenso blutigen Verkehrsunfall auf dem kleinen gemütlichen Marktplatz der Gemeinde nachgestellt hatte. Harald sah einige ratlose ältere Menschen kopfschüttelnd vor den offenbar noch taufrischen Plastiken stehen. Nach weiteren gut gemeinten Ratschlägen wie »Kinder haben keine Bremse« und »Ist Weißbier wirklich ein Leben wert?« hörte der Spuk glücklicherweise auf, weil die Ortschaft zu Ende war. Ein Wegweiser zeigte an, dass der andere Gemeindeteil mit dem Namen Vorderföhring neun Kilometer entfernt lag. Harald bemerkte, dass er den Ort vor lauter Schreck im gehobenen Schritttempo durchquert hatte, die Methode funktionierte blöderweise tatsächlich.

Kurz nach dem Ortsausgangsschild änderte sich die Ansprache sehr grundsätzlich. Auf einem riesigen Display begrüßte die Samtgemeinde Föhring alle Vorbeifahrenden auf der »Route der Sicherheit«, die hier zwischen den beiden Gemeindeteilen von Föhring eine Teststrecke des neuen elektronischen Verkehrsbeeinflussungssystems sei. Glücklicherweise tauchte einige Meter weiter ein zweites Display auf, sonst hätte Harald nie erfahren, dass dieses für Landstraßen einmalige Projekt vom Freistaat Bayern, der

Bundesrepublik Deutschland, der Europäischen Union sowie von Unicef und der Unesco gefördert worden war. Das ließ Allerschlimmstes befürchten. Dass er damit goldrichtig lag, wurde Harald nur wenige hundert Meter später klar. Ab hier nämlich hatte Föhring begonnen, ernst zu machen und in engem Abstand elektronische Anzeigetafeln zu installieren. Der Irrsinn begann mit einem Geschwindigkeitstrichter. 80, 60, 40 zeigten die ersten drei Schilder an, dann folgten Leuchtspuren im Boden und weitere Displays mit blinkenden »Achtung«-Zeichen. Offenbar wollte man die Autofahrer auf eine Tunneleinfahrt aufmerksam machen. Ein Laufband über dem Eingangsbogen vermeldete unentwegt: »TUNNEL +++ TUNNEL +++ TUNNEL ...« »Hätte ich jetzt nicht gedacht«, flüsterte Harald heiser und fragte sich nicht zum ersten Mal am heutigen Tag, ob eigentlich irgendjemand solche schwachsinnigen Ausgaben von Steuergeldern kontrollierte. Im Tunnel setzte sich der elektronische Wahnsinn fort. Rote Warnkreuze informierten Harald permanent, dass es ihm nicht erlaubt war, auf der Gegenspur zu fahren, was Harald sonst in einem kurvenreichen, schlecht einsehbaren Tunnel mit durchgezogener Mittellinie bestimmt getan hätte.

Kaum hatte er die Ausfahrt passiert, gestattete ihm die Straßenelektronik zwar gnädig, auf 80 Stundenkilometer zu beschleunigen. Doch nicht lange, dann schrieb sie wieder 50 vor – wegen »OTTERWANDERUNG!!!«, wie ihn ein weiteres Display informierte. »Kein Wunder, dass die Viecher abhauen«, dachte Harald und wünschte sich intensiv, ebenfalls schnellstmöglich von hier weg zu wandern. Er musste jedoch die Straße benutzen. »30 +++ 30 +++ 30 +++ GEFAHR +++ GEFAHR +++ 30 ...« blinkte eine weitere Infowand. »Was ist jetzt schon wieder?«, rief Harald entnervt. Ein weiteres Display erläuterte, dass »SCHULKINDER!!!« zu beachten seien. Diese mussten aber wohl eine Baumschule besuchen, denn Harald sah um sich herum lediglich endlose Felder und eine Reihe Bäume. Die Straße lief schnurstracks geradeaus. Nirgendwo war irgendeine Gefahr auszumachen, geschweige denn ein Mensch. Harald fluchte, fuhr aber dennoch die geforderten 30 Stundenkilometer, hauptsächlich wegen der Radarrüssel, die sich heimtückisch hinter jedem der Hinweisschilder versteckten. Nach einem Kilometer war der Spuk endlich vorbei, und er konnte wieder beschleunigen. Die Sonne schien weiterhin am wolkenlosen Himmel, rechts und links der Straße grasten Kühe. »NÄSSE!«, warnte das nächste Display und beschränkte die Geschwindigkeit vorsorglich auf 60. Es war zum Verzweifeln. »Es ist nicht nass!«, brüllte Harald, doch niemand konnte ihn hören. Er war ganz allein.

Die nächsten Hinweistafeln blieben hartnäckig bei ihrer Wetterprognose, ergänzten jedoch noch »REGEN« und »HAGELGEFAHR«. Harald nahm sich vor, nach seiner Rückkehr von diesem Höllentrip dem zuständigen Landrat eine gepfefferte E-Mail zu schreiben. Doch schließlich erblickte er ein Gesamtaufhebungsschild und gab erleichtert Gas. Direkt hinter dem letzten Display wurde die Straße stark abschüssig und ging unvermittelt in eine scharfe Linkskurve über. Harald rutschte fast das Herz in die Hose, als ihm im selben Moment ein Schwerlaster hupend entgegenschoss. Das war die erste reale Gefahr seit Hinterföhring, aber hier war jetzt ausgerechnet die Teststrecke zu Ende. Er hatte den Gedanken noch gar nicht zu Ende gedacht, da nahm er zwei Dinge gleichzeitig wahr. Das erste war das Ortseingangsschild von Vorderföhring, und das zweite war eine weiße Betonmauer, die absurderweise mitten auf der Fahrbahn stand. Harald drückte mit entsetzt aufgerissenen Augen die Bremse durch, aber es war viel zu spät.

Er prallte mit voller Wucht auf die Mauer – doch wundersamerweise geschah gar nichts. 50 Meter weiter blieb Harald stehen, sein Puls lag bei schätzungsweise 180, er atmete schwer. Das bekleckerte Hemd zeigte nasse Flecken unter den Achselhöhlen. Er blickte in den Rückspiegel. Da war gar keine Mauer. Da war nichts. War er jetzt völlig durchgedreht? Hatte ihn die »Route der Sicherheit« erledigt? »Was tun die hier mit mir?«, keuchte Harald. Er blickte erneut in den Rückspiegel, dann drehte er sich sicherheitshalber auch noch um. Es blieb dabei: Die weiße Mauer war verschwunden. Langsam fuhr Harald ein Stückchen weiter und hielt dann auf einem Seitenstreifen an. Immer noch weit entfernt vom Ruhepuls stieg er vorsichtig aus. Seine Knie fühlten sich weich an, unsicher ging er ein paar Schritte auf dem Bürgersteig, dann schien das Gehen wieder zu funktionieren. Langsam ging er die Straße zurück zu der Stelle, an der die Mauer gestanden hatte. Es gab immer noch keine Barriere, dafür allerdings eine Art Zebrastreifen. Wo war die Mauer? In diesem Moment schlingerte ein dunkelroter Ford Fiesta in den Ort hinein, drehte sich stark bremsend fast auf der Stelle und drohte schließlich umzukippen. Am Steuer sah Harald einen kreidebleichen Mann, der ihn entsetzt anstarrte, als der Wagen in der Gegenspur zum Stehen kam. Was war hier nur los? Harald lief in Richtung des Ortseingangsschildes, dann drehte er sich um und rieb sich die Augen. Die Mauer war wieder da. Langsam dämmerte ihm, welches Spielchen die Vorderföhringer trieben. Es musste sich um eine perfide optische Täuschung handeln, eine brachiale Form der erzwungenen Verkehrsberuhigung. Langsam ging Harald auf die Fata Morgana zu. Etwa 20 Meter vor der Stelle hatte er den Eindruck, dass die Steine der Mauer nach hinten wegkippten, dann waren sie in der Tat völlig verschwunden. Was blieb, war der angebliche Zebrastreifen, der offenbar so aufgemalt worden war, dass man als Einfahrender den Eindruck einer Mauer hatte. »Das ist ja lebensgefährlich«, schimpfte Harald und schaute hilfesuchend zu dem Ford-Fahrer. Der war jedoch schon weitergefahren. Kopfschüttelnd ging Harald zum Epremo zurück und setzte seine Fahrt vorsichtig fort.

Vorderföhring setzte wohl auf konsequente Verkehrsberuhigung. Auf eine Geschwindigkeitsbegrenzung hatten die Dorfvorsteher verzichtet. Es war auch nicht nötig, weil die Durchfahrtsstraße mit Blumenkübeln gespickt war. Es gab auch nicht einfach abbiegende Seitenstraßen, stattdessen aber an jeder Straßenkreuzung einen Kreisverkehr, der zusätzlich durch fest verschraubte Hütchen zu einem Slalom-Parcours umgewandelt worden war. Mehr als zehn Stundenkilometer konnte man auf dieser Strecke unmöglich fahren. Hinter dem fünften Kreisverkehr endeten die Blumenkübel. Dafür gab es nun kleine Verkehrsinseln, mit denen die Fahrbahn verengt wurde. Gleich an der ersten Insel war ein blaues Schild mit weißem Pfeil befestigt, das den Verkehr rechts an der Barriere vorbeiführte. Als sich Harald aber der Stelle näherte, bewegte sich plötzlich die ganze Insel nach rechts, der Pfeil drehte sich und schickte den sprachlosen Harald jetzt links vorbei. Der Platz war eng, denn dahinter tauchte nun auf der linken Seite gleich das nächste Eiland auf, das aber im letzten Moment nach rechts auswich. Harald meinte ein surrendes Geräusch und Gelächter zu hören. Nachdem er fünf solche Geisterinseln passiert hatte, stoppte ihn eine rote Fußgängerampel. »Wie sinnlos«, dachte Harald, der seit seiner Mauerdurchfahrt am Ortseingang nicht einen einzigen Vorderföhringer erblickt hatte. Die Ampel zeigte weiter Rot und machte keine Anstalten, das zu ändern. Harald schaute auf die Uhr, legte den Rückwärtsgang ein und rollte ein Stück zurück, um zu schauen, ob es vielleicht einen Anforderungskontakt in der Fahrbahn gab, den er nicht getroffen hatte. Als er einige Meter zurückgefahren war, schaltete die Ampel urplötzlich auf Grün. Kaum hatte Harald jedoch den ersten Gang eingelegt und wollte Gas geben, zeigte die Signalanlage schon wieder Rot. »Das war doch nicht mal eine Sekunde«, keuchte er. Wieder stand er vor der Ampel. Es passierte nichts. Nach einigen Minuten beschloss er, erneut zurückzusetzen. Das Spiel wiederholte sich. Die Grünphase reichte nicht, den Gang zu wechseln und wieder anzufahren. Nachdem er weitere vier Minuten vor der Ampel gestanden hatte, platzte Harald der Kragen, und er gab einfach Gas. Sollten ihn doch alle bayerischen Polizisten mal gerne haben. Kaum hatte er die Linie überfahren, gesellte sich zum Ampellicht ein weiteres Rot. Die Überwachungskamera war in einer Waschbärattrappe versteckt, die Harald bisher ignoriert hatte. Er konnte sich nicht mal mehr aufregen, so sehr hatte er die Nase voll.

Bis nach Laschau passierte erfreulicherweise gar nichts. Harald starrte mit glasigen Augen auf die Fahrbahn der

Landstraße und sang immer wieder die ersten Takte eines Weihnachtsliedes vor sich hin, das ihm nach der Sache mit der Ampel spontan eingefallen war. Er schwor sich, heute zu keinem Termin mehr irgendwohin zu fahren – ein billiger Schwur, denn es war ohnehin bereits zu spät. Er wollte einfach nur noch nach München, um sich in ein Hotelzimmer zu legen und darüber nachzugrübeln, was er eigentlich in seinem Leben falsch gemacht hatte. Dabei – das war sicher – würde er mehrere Flaschen Bier, Schnaps und Wein trinken und morgen dann mit einem höllischen Kater aufwachen. »Pilotprojekt Laschau« verkündete in diesem Moment ein Großplakat am Straßenrand. »Schweine«, murmelte Harald tonlos – und sang verbissen weiter das Weihnachtslied. Kaum hatte er das gelbe Ortsschild passiert, erblickte er ein einziges Chaos. Menschen rannten auf der Straße umher, Radfahrer fuhren quer über Kreuzungen, Autos parkten mitten auf der Straße, manche in Fahrtrichtung, andere quer dazu. Auf dem Bürgersteig stand ein Polizist und hob seine Kelle. Harald hielt an und schaute den Mann ohne irgendeine Emotion an. Er fühlte nichts mehr.

»Schönen guten Tag«, sagte der grauhaarige Beamte.

»Hallo«, erwiderte Harald und stieg aus dem Wagen aus.

»Neu in Laschau?«, wollte der Mann nun wissen.

»Ja, und ich wollte auch nicht lange bleiben«, antwortete Harald immer noch ohne jede Regung. »Ich fahr nur durch. Falls ich darf.«

»Natürlich dürfen Sie!«, rief der Beamte mit übertriebenem Wohlwollen. »Die Ortspolizei möchte Sie nur darauf aufmerksam machen, dass hier in Laschau derzeit ein Pilotprojekt zur schilderfreien Straßenverkehrsordnung durchgeführt wird. Sämtliche Verkehrszeichen wurden entfernt, es gilt jetzt das Prinzip der gegenseitigen Rücksichtnahme. Bei Verstößen werden Bußgelder erlassen.«

Harald nickte. »Schön, ganz wunderbar, ich wünsche Ihnen und der einheimischen Bevölkerung alles Gute. Aber jetzt möchte ich einfach weiter. Sagen Sie mir also nur, wie schnell man hier fahren darf.«

Der Beamte runzelte die Stirn und sagte ernst: »Sie haben unser Konzept offenbar noch nicht ganz verstanden.«

»Dann erklären Sie es mir«, gab Harald zurück.

»Nun, die Höchstgeschwindigkeit richtet sich nach den Umständen.«

»Und wer legt die fest?«

»Niemand, das ist ja das Wesen von Umständen.«

»Aha, und wie weiß ich dann, ob ich zu schnell gefahren bin?« Harald spürte nun doch wieder eine schnell aufsteigende Wut. Ein Wechselbad der Gefühle war das hier.

»Das werden wir dann je nach Situation im Nachhinein feststellen«, antwortete der Polizist mit ruhiger Stimme. Einen Moment lang sagte keiner der beiden etwas. Die beiden Männer schauten sich nur an. Im Hintergrund hörte man etwas scheppern, ein Motorradfahrer hatte ein auf der Straße parkendes Auto gestreift. Zwei Kinder zündeten an einer abgeschalteten Fußgängerampel Chinaböller.

»Danke«, sagte Harald unvermittelt und drehte sich um. Schnurstracks ging er zu seinem Wagen, löste die Handbremse, schaltete den Ganghebel auf Leerlauf und begann den Wagen die Straße hinunter zu schieben.

»Was machen Sie denn da?«, rief der Polizist ihm hinterher.

»Was mache ich wohl?«, brüllte Harald zurück. »Ich schiebe!« Fassungslos sah der Polizist ihm nach.

Erst am Ortsrand stieg Harald wieder in den Epremo und startete den Motor. Fünf Kilometer fuhr er schweigend durch einen Wald, dann erreichte er die 13. und glücklicherweise letzte Gemeinde auf der Route. Das Ortsschild war rosa und verkündete: »Altharting – atomwaffenfreie Zone«. Darüber war ein grünes Plakat genagelt, das die Aufschrift »Kein Durchgangsverkehr!!!« trug. Handschriftlich hatte jemand noch »Althartinger Bürger gegen Genmais« ergänzt. Neben den Schildern war ein Pfahl in den Boden gerammt worden, auf dem ein Totenschädel prangte. Harald schüttelte sich. Gleich hinter einem historischen Torbogen erwartete den Durchreisenden eine ganze Phalanx an Protestschildern. »Der Verkehr tötet uns«, »Kampf der Durchgangsstraße«, »Ortsumgehung jetzt« waren noch die harmlosesten. Harald schaute nach vorne. Auch Altharting hatte so ein launiges Geschwindigkeitsdisplay. Erwartungsgemäß ging es beim Näherkommen an. Ein zorniger Smiley blinkte Harald wild entgegen, die Leuchtdioden verkündeten: »Sie fahren!«

»Ja was denn sonst, ihr Irren?«, brüllte Harald, da schossen aus dem Fahrbahnboden vor ihm zwei rot-weiß gestreifte Betonpömpel empor. Aus einem grauen Plastikbehälter am Straßenrand entfaltete sich ein Stopp-Zeichen. Gerade noch rechtzeitig konnte Harald bremsen, wobei er mit der Stoßstange leicht vor die Pömpel stieß. Außer sich vor Wut schaltete er in den Rückwärtsgang. Ein Blick in den Rückspiegel zeigte ihm jedoch, dass auch hinter ihm gerade zwei Betonpfeiler aus dem Boden wuchsen. Jetzt bemerkte Harald, dass zwischen Fahrbahn und Bürgersteig Absperrgitter angebracht waren. Er war gefangen. In diesem Moment öffneten sich vor ihm zwei Haustüren, und ein Trupp grimmig dreinblickender Dorfbewohner näherte sich langsam dem Wagen.

Und das Letzte, was Harald an diesem Tag sah, war, dass sie allesamt mit Mistgabeln bewaffnet waren.

Epilog

»Da habt ihr mir aber einen gewaltigen Schrecken einge-jagt«, stöhnte Harald, als er später am Tresen der Althartin-ger Dorfkneipe saß. Schorschi und Toni, die zwei Bauern, die ihn in die Gastwirtschaft eskortiert hatten, schauten ihn schadenfroh an. Hinterm Tresen bediente »der Max«, wie er sich dem kreidebleichen Harald vorgestellt hatte.

»Komm, trink halt noch einen Jasmintee«, meinte der Wirt. »Der ist aus echt fairem Anbau in Guatemala.« Ha-rald schaute Max skeptisch an. »Das kann auch so ein an-deres Land da unten sein, aber auf jeden Fall sehr fair!« Die beiden Landwirte nickten. Harald fügte sich in sein Schick-sal. »Wie viel Tee muss ich denn noch trinken, damit ich meinen Wagen wiederbekomme?«, fragte er tonlos. Schor-schi warf ihm einen scharfen Blick zu. »Schau, das haben wir dir jetzt doch schon ein paar Mal erklärt«, sagte er dann mit genervtem Unterton. »Das mit dem Wagen, das ist halt nicht gut. Du verpestest die Luft, und unsere Kinder wer-den gefährdet.«

»Und vergiss nicht den Lärm«, warf Toni ein.

Auch der Max schaute jetzt ernst. »Lass den Wagen halt einmal ein paar Tage hier stehen, und dann wirst du schon sehen…«

Und so kam es, dass Harald an diesem Tag den Zug von Alt-harting nach München nehmen musste, der dann in eine Streckensperrung wegen Lokbrand und Oberleitungsscha-den geriet. Aber das, das ist wirklich eine ganz andere Ge-schichte.

Schöner Parken

352 Seiten
ISBN 978-3-442-15556-9

Mobil ohne Auto –
Carsten Otte ist dem neuesten Trend auf der Spur